끌리는 **단어**
혹하는 **문장**

끌리는 단어 혹하는 문장

송숙희 지음

마음을 흔들고, 시선을 사로잡고, 클릭을 유발하는 5가지 글쓰기 비법

유노북스

《끌리는 단어 혹하는 문장》 사용 설명서

이 책은 글 잘 쓰기 교과서가 아닙니다. 문장 쓰기 이론서도 아닙니다. 이 책은 언제든 꺼내서 짧고 찰진 한마디를 쓸 수 있는 문장 편의점입니다. 참고서이자 커닝 페이퍼이며 사전입니다. 제품, 서비스, 아이디어를 파는 현장에서 마음을 움직이는 한마디가 필요할 때 바로 펼쳐 바로 활용하십시오.

① 읽기에서 써먹기: 잘 통하는 문장 레시피

우선 처음부터 끝까지 쭉 한 번 읽으세요. 읽는 것만으로 한마디 쓰기에 자신감이 붙습니다. 쉽고 재밌게 쓴 내용이라 2~3시간이면 뚝딱 읽습니다. 0.1초 만에 클릭하는 한마디를 만드는 기술은 이 책 말고도 얼마든지 많지만 그 많은 사용법을 다 배워 써먹기란 불가능합니다. 중요한 것은 한마디를 쓰는 감각과 안목입니다. 이 책은 그 감각과 안목을 길러 줍니다.

끝까지 읽다 보면 한 줄, 한마디의 영향력을 실감하며 '마케팅 글쓰기가 이렇게 재밌고 쉬웠나?' 하는 생각이 듭니다. 특별히 관심 가는 내용은 한 번 더 자세히 읽으세요.

② 배우지 말고 찾아 쓰기: 마케팅 글쓰기 사전

손닿는 곳에 두고 필요할 때마다 펼쳐 활용하세요. 누군가에게 한마디를 전해야 하는데 어떻게 써야 할지 몰라 막막할 때, 표현이 마음에 들지 않을 때, 정확하게 전달하고 싶을 때, 재밌고 남다르게 표현하고 싶을 때 사전처럼 필요한 곳을 펼치면 한마디 물꼬를 틀 수 있습니다.

③ 애쓰지 말고 빌려 쓰기: 누구나 마케팅 라이터

이 책을 자주 활용하면 독자를 움직이는 한마디 감수성이 길러집니다. 그러면 한마디 만들기는 물론 글쓰기도 더 이상 겁나지 않습니다. 짧고 찰진 한마디를 쓰게 될 당신도 이제 마케팅 라이터입니다.

프롤로그

비대면 마케팅은 문장력이 좌우한다

"마케팅 성공은 단어에 달렸다."

미국 금융 회사 JP모건은 인공지능 카피라이터 '퍼사도'를 5년 계약으로 채용했습니다. 퍼사도는 인간 마케터들이 창조한 100만 건 이상의 광고 문구를 학습했는데요. 위 문장은 그 결과 인공지능 카피라이터 퍼사도가 내린 결론입니다.

"첫인상을 바꿀 두 번째 기회는 오지 않습니다."

비듬약 광고의 헤드라인입니다. '비듬은 상대방에게 좋지 않은 첫인상을 남기므로 비듬을 치료하라'는 뻔한 메시지를 이렇게 표현하니 비듬을 빨리 해결하지 않으면 안 될 것 같습니다. 비듬으로 첫인상이 정해지듯 지금 우리가 하는 모든 일도 첫인상이 좌우합니다. 첫인상에 두 번째 기회가 없듯 우리가 하는 일에서도 '다음'이라는 기회가 없습니다. 수많은 메시지가 눈앞에서 명멸하기 때문에 기회는 시선을 낚아채는 첫 한마디에 달렸습니다.

0.1초 만에 클릭되는 짧고 찰진 한마디

이제 우리는 무슨 일을 하든 한마디로 표현하고 전달해야 합니다. 이 한마디의 제한 시간은 단 0.1초입니다. 눈 깜빡하기보다 짧은 시간, 0.1초 만에 클릭되는 글을 써야 합니다. 이렇듯 짧고 찰진 문장을 '한마디'라 부릅니다.

온라인으로 일하고 구매하는 코로나 이후의 세계에서 능력, 제품, 서비스, 아이디어를 파는 일은 이제 전적으로 문장이 담당합니다. 0.1초 만에 클릭하는 문장은 고객의 흥미를 끌고 마음을 움직입니다. 앞으로는 짧게 쓴 찰진 한마디가 마스터키입니다.

모든 사람이 마케터, 모든 글이 마케팅 글쓰기

읽는 사람의 마음을 사로잡는 문장 쓰기 기술을 알려 드립니다. 무심코 끌리는 단어 사용법부터 온라인 마케팅의 승패를 좌우하는 조회수 높은 문장의 비밀까지 전부 담았습니다.

저는 많은 분의 글쓰기 보좌관입니다. 0.1초 만에 클릭하는 한마디를 쓰도록 돕습니다. 사람들의 관심과 시간과 돈을 끌어내는 한마디 쓰기 비법을 전수합니다. 저의 글쓰기 보좌를 받는 분들은 동네 가게 사장님, 대기업의 영업자 혹은 마케터, 전문직 사업자, 1인 사업자, 직장인까지 모두 한마디 문장력으로 업무와 일상에서 물꼬를 트려는 사람입니다.

이제 한마디 쓰기가 절실한 당신을 보좌하려 합니다. 일과 일상에서 마주하는 모든 사람과 모바일 속 소설 고객을 매혹하는 필살기로써 한마디 쓰기 능력을 만들어 드립니다.

직원 없이 혼자 버티느라 마케팅 공부가 절실한 자영업 사장님, 제목 한 줄로 빠르게 결재받고 싶은 직장인, 화상 너머 학생들에게 한마디로 격려하고 싶은 선생님, 고객 센터에 답변을 써야 하는 서비스직 종사자는 물론이고 조회수가 관건인 유튜버, 인플루언서, SNS 마케팅이 처음인 초보 마케터, 각종 영업자까지. 누구나 대한민국 대표 글쓰기 코치의 마케팅 글쓰기 보좌를 받을 자격이 충분합니다.

핵심을 빠르게 전하면 빠른 반응을 얻는다

최근 일상에서의 소통과 일 처리의 수단이 되는 글쓰기에 관심이 높아졌습니다. 코로나19가 창궐하여 온라인으로 일과 일상이 옮겨 온 지 반년도 안 됐지만 많은 사람이 화상 회의 피로도가 극심하다고 호소합니다. 유명 유튜버들의 뒷광고에 분노한 소비자가 많아지자 마케팅 강자였던 유튜브의 영향력도 대폭 줄었습니다. 이런 이유로 핵심을 빠르게 전하고 긍정적인 피드백과 구매 버튼을 부르는 한마디 쓰기 능력이야말로 이 시대의 최고의 무기임을 실감합니다.

0.1초 만에 클릭하는 한마디를 쓸 수 있다면 골칫거리였던 매출, 의사소통, 연결의 장벽을 가뿐히 넘을 것이라 확신합니다.

"항상 제목이 눈에 바로 들어오니 저절로 클릭하게 됩니다. 많은 도움이 되고 있어요."

제가 운영하는 블로그(www.돈이되는글쓰기.com) 이웃님의 이 문장은 한마디 쓰기 전문가인 저를 감동하게 만들었습니다. 당신도 할 수 있습니다. 이제 시작해 볼까요?

목차

1장

Hooking
0.1초 만에 사로잡기
묻히면 끝이다

2장

Clicking

조회수 높은 문장의 비밀

사람들은 뭘 보고 클릭할까?

3장

Picking

쓰면 팔리는 문장의 비밀

내 취향 대신 대중의 취향으로

4장

Viral

저절로 입소문 나는 문장의 비밀

SNS 평판은 어떻게 좋아질까?

5장

Shooting

내 것으로 만드는 실전 한마디

세계적인 카피 장인들은 어떻게 쓸까?

"우리에게는 돈이 없다. 그러므로 우리는 생각해야 한다."

-어니스트 러더퍼드(영국 물리학자, 1908년 노벨 화학상 수상)

"우리에게는 돈이 없다. 그러므로 우리는 글을 써야 한다."

-송숙희(대한민국 대표 글쓰기 코치)

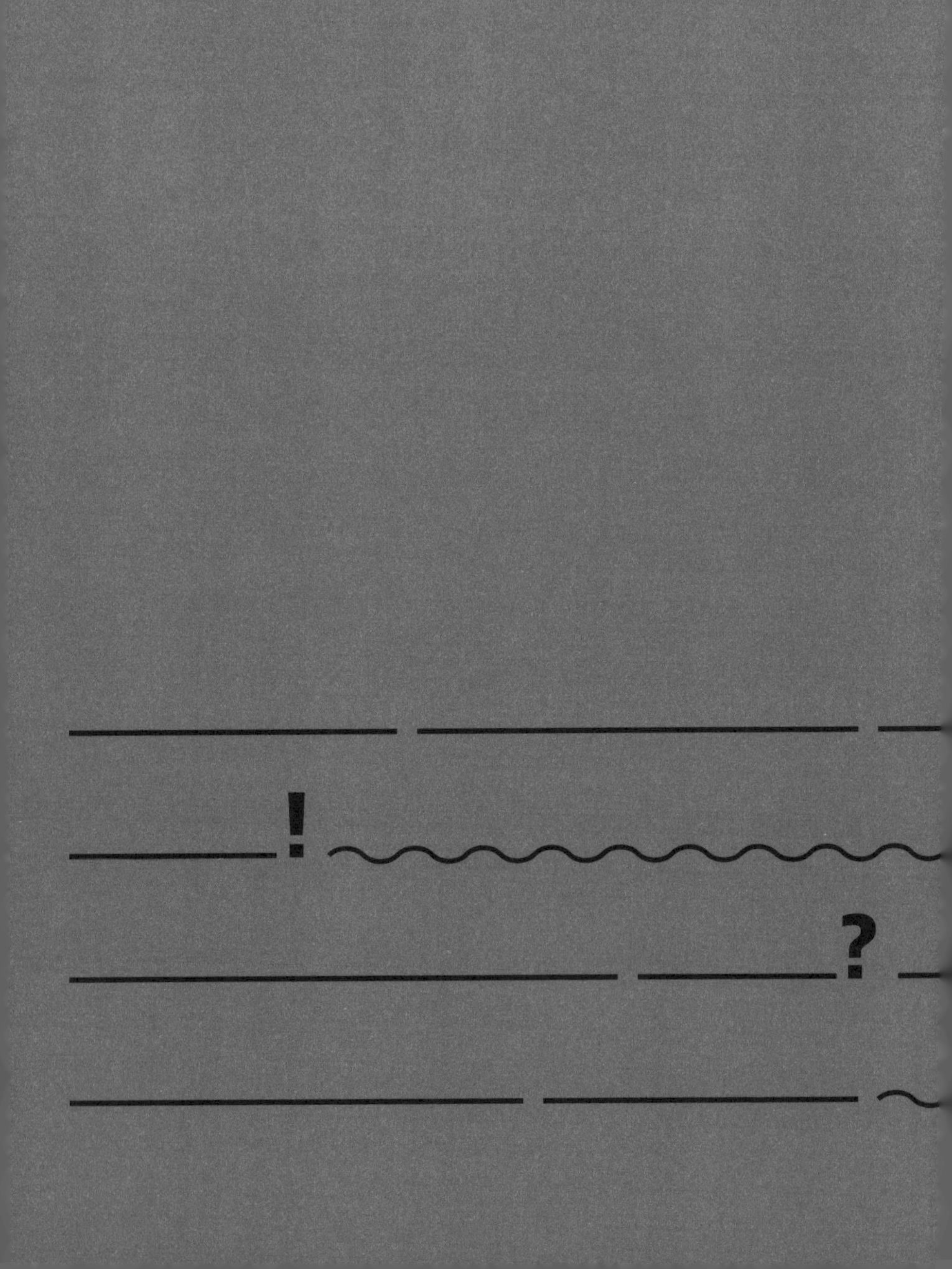

1장

Hooking

0.1초 만에 사로잡기

묻히면 끝이다

____ ________________?

______, ___________.

______ ______ ________

~~~ _______.
~~~

클릭하거나 무시하거나 단 0.1초

우리나라 국회의원이 300명쯤 됩니다. 당신이 아는 국회의원은 몇 명이나 되나요? 대부분 어떤 국회의원이 있는지 잘 모릅니다. 게다가 초선 의원이라면 더욱요. 그런데 여기 하루아침에 온 국민에게 이름을 알린 초선 국회의원이 있습니다. 국회에서 진행한 5분 연설의 첫 한마디 덕분입니다.

"나는 임차인입니다."

10자도 채 안 되는 한마디를 했을 뿐인데 그의 국회 사무실에 기자들이 줄을 서고 각종 포털 사이트와 SNS에 그의 이름과 연설 영상이 빠르게 퍼졌습니다.

인생이 바뀌는 데 한마디면 OK

"나머지 인생을 설탕물이나 팔면서 보내고 싶습니까, 아니면 세상을 바꿀 기회를 잡겠습니까?"

1980년 스티브 잡스가 당시 최고 마케팅 권위자였던 펩시콜라 CEO 존 스컬리를 스카우트하기 위해 던진 한마디입니다. 존 스컬리는 이 미끼를 덥석 물었습니다.

"난 자네 지분의 20%를 살 수 있지. 아니면 전부 사 버릴 수도 있고. 그것도 아니면 직접 이 사업에 뛰어들어 자네를 매장시킬지도 몰라."

1993년 마이크로소프트 본사에서 온라인 시장 진출을 모색하던 빌 게이츠가 AOL의 CEO 스티브 케이스를 상대로 던진 한마디입니다. 스티브 케이스는 이사회를 소집해 빌 게이츠의 발언을 전했고 인수 합병을 둔 갑론을박이 오갔습니다. 첨예한 의견 대립을 종식한 결정적 한 방은 이사 더그 피 보디의 한마디였습니다.

"빌 게이츠의 이력서 속 한 줄로 전락하겠습니까, 혹은 온라인 혁명의 주인공이 되겠습니까?"

이 한마디에 자극받은 AOL은 독립 법인을 고수했고 후에 그 자리에 있던 이사들은 수억 달러의 배당을 받았습니다.

맥도날드는 한때 햄버거 고기에 지렁이를 사용한다는 끔찍한 소문과 싸우느라 안간힘을 썼습니다. 소문을 잠재운 것은 CEO 레이 크록의 이 한마디입니다.

"우리는 햄버거에 지렁이 고기를 쓸 재정적 능력이 없습니다. 햄버거 고기는 1파운드에 1.5달러지만 지렁이는 파운드당 6달러나 한단 말입니다."

그저 한마디 했을 뿐입니다. 어떤 한마디는 고작 단어 2개입니다. 그러나 한마디의 위력은 고작이 아닙니다. 한마디로 정권이 바뀌고 온 나라가 들썩입니다. 100만 부나 팔리는 책도 제목이라는 한마디가 큰 역할을 합니다. 수백억 원짜리 영화도 메시지 한 줄로 흥행이 결정되고, 누군가는 군 복무 시절에 들은 한마디에 전공을 바꾸기도 하죠. 하도 안 팔려서 상품 이름을 바꿔 봤는데 대박이

나서 인생이 역전되는 사람도 있습니다. 역사도, 매출도, 정권도, 사업도 전부 한마디에 좌우됩니다. 한마디 했을 뿐인데 인생이 바뀌는 것입니다.

보자마자 클릭!
짧고 찰진 한마디

코로나19의 기습을 피해 모인 온라인 공간은 클릭이 모든 것을 좌우합니다. 온라인 세계에서는 발견되지 않으면 클릭될 리 없고, 클릭되지 않으면 아무 기회도 생기지 않습니다. 그러니 발견되려면 우선 고객의 눈길을 사로잡고 검색돼야 합니다.

사람들은 온라인으로 집단 피난하기 전부터 이미 스마트폰으로 검색 엔진, SNS, 유튜브를 이용하며 순간 클릭하고 순간 삭제하는 생활에 익숙했습니다. 소셜 고객은 무엇이든 집중하는 데 단 4초만 투자합니다. 좀 길게 지켜봐야 8초입니다. 세상에 볼거리가 너무 많아 조금의 지루함도 참지 못합니다. 여기에 어떤 광고도 믿지 않는 광고 홍수 장애(ADD, Advertising Deluge Disorder)까지 앓습니다.

이들에게 메시지를 전달하는 방법은 딱 하나, 바로 정곡을 찔러야 합니다. 전쟁터 같은 마케팅 시장에서 고객의 뇌리에 송곳 같은 한마디를 꽂아야 하고 이 과정은 단 0.1초 만에 일어납니다. 너무 빠르게 느껴지나요? 애초부터 마케팅이란 고객의 마음을 차지하기 위한 전쟁입니다.

비대면 시대 최고의 가성비를 찾아라

모든 사람은 뭔가를 팔며 삽니다. 물건뿐만 아니라 자신의 능력부터 사랑 고백까지 다양합니다. 파는 사람과 사는 사람 사이에 접점이 있는데, 이곳에서 매 순간 마음이라는 전투장을 차지하려는 전쟁이 일어납니다. 오프라인 공간에서는 이 전쟁이 돈과 전문 인력을 많이 투입할수록 유리했습니다.

이제 전쟁은 온라인 공간으로 옮겨 왔습니다. 여태까지의 총알이 돈이었다면 앞으로의 총알은 언어입니다. 돈도, 전문 인력도 아닌 0.1초 만에 클릭하게 만드는 한마디입니다. 이제 사고파는 현장에서 일어나는 모든 성과는 판매자가 어떤 한마디를 하는가에 달렸습니다.

코로나19 사태로 먹고사는 일의 면면이 확 바뀌었습니다. 극심한 불황이 계속되다 보니 이제 혼자 일하거나 인력을 최소화하여 사업장을 운영하는 것이 예사입니다. 온라인을 중심으로 동네 상권이 활성화되면서 미디어를 통한 고객과의 소통이 절실해졌습니다. 이런 상황에서는 핵심을 빠르게 전해 원하는 반응을 얻어 내는 짧고 찰진 한마디 기술이 모든 비즈니스의 생계를 좌우합니다.

홈페이지, 애플리케이션, SNS, 이메일, 메신저 등 비대면 소통 매체에 키보드를 두드리는 시간이 부쩍 늘었습니다. 문장 한 줄로 고객의 마음을 사로잡고 제품과 서비스를 팝니다. 말, 사진, 영상을 이용할 수도 있지만 빠르기, 정확도, 설득 면에서 짧고 찰진 한마디만큼 가성비 좋은 무기도 없습니다.

한마디는 '스위치'입니다. 스위치처럼 딸깍 한 번에 사람과 돈을 끌어당깁니다. 의도한 대로 상대를 움직여 원하는 반응을 끌어냅니다. 딱 한마디로 고객을 사로잡습니다. 팔려고 애쓰지 않아도 팔리는 최고의 마케팅입니다.

한마디는 '마중물'입니다. 마중물이 다디단 지하수를 끌어 올리듯 당신이 파는 제품, 서비스, 아이디어로 고객을 불러들입니다.

한마디는 '마스터키'입니다. 단 한마디로 고객의 마음의 문을 열 수 있다면 당신 앞에 놓인 그 어떤 문도 열 수 있습니다.

기술과 기회는 무한 공짜, 카피는 셀프

규모 9.5 지진을 능가하는 인류 대재앙 코로나19. 모든 산업, 기업, 학교, 가게의 일상이 무너지고 흔들렸습니다. 모든 기회, 사람, 활동은 하루아침에 온라인으로 옮겨 갔습니다. 곳곳에서 고통과 하소연이 쏟아집니다. 생계를 유지하려면 문을 닫을 수도 없어 직원 없이 혼자 절절매는 자영업 사장님부터 전문직, 프리랜서, 퇴사를 요구받은 직장인, 아끼던 직원을 내보내야 하는 작은 회사 사장님까지. 모두 생계의 현장에서 고군분투하는 사람들입니다.

세상은 그들이 온라인에서 업을 이어 가도록 돕고 나섰습니다.

SNS를 활용한 기술을 무료로 가르치는 정부 기관, 온라인 쇼핑 플랫폼을 공짜로 제공하는 포털 사이트, 통신 솔루션을 거저 제공하는 통신사까지 기회가 차고 넘쳐 납니다.

알바 구인 광고도 무료로 등록해 줍니다. 인터넷 쇼핑 플랫폼도 무료로 이용할 수 있습니다. 통신사 네트워크를 활용한 비즈니스 플랫폼도 공짜로 쓸 수 있습니다. 검색부터 스마트 주문 서비스까지 이용료 없이 사용하라고 합니다. 감사하게도 기술, 기회가 무한히 무료로 제공됩니다. 마음만 먹으면 돈 한 푼 들이지 않고 이 모든 기술을 활용할 수 있습니다.

이런 고마움도 잠시, 이렇게 주어진 무한한 기회가 글을 못 쓰는 사람들에겐 그림의 떡입니다. 잘 만들어진 온라인 플랫폼을 활용하려면 글을 쓸 줄 알아야 하는데 세상이 멋진 문장까지 공짜로 써 주지는 않기 때문입니다.

자기 자신을 어필하고 싶다면 최소한 서너 줄의 문장을 써야 그럴듯한 에세이가 됩니다. 물건을 팔고 싶다면 상품 설명, 가게 소개 등 세일즈 페이지를 써야 합니다. 모든 게 무료지만 글은 셀프입니다. 한두 줄에 불과한 짧은 분량도 막상 쓰려고 하면 무엇부터 시작해야 할지 막막합니다.

한마디 기술만 알면 당신도 훌륭한 마케터

마케팅은 전문직이었으나 이제는 누구나 마케터입니다. 주부, 직장인, 교사 등 상대로부터 원하는 반응을 얻어 내려는 모두가 마케터입니다. 그리고 소셜 미디어 플랫폼이 누구에게나 무료로 제공되는 지금은 글 잘 쓰는 사람이 마케팅 승자입니다.

팬데믹으로 전 세계의 오프라인 공급망이 무너지고 고객의 니즈와 기대가 예상치 못한 방향으로 빠르게 변하고 있습니다. 고객들은 전부 온라인으로 피신했습니다. 생존하려면 그들과 연결되고 소통하는 디지털로 들어가야 합니다.

'팔리는 한 줄'을 쓸 수 있는 마케팅 글쓰기 능력을 갖춘다면 팔려고 애쓰지 않아도 클릭하게 되는 한 줄로 당신의 물건을 사게 할 수 있습니다. 소위 탱크 같은 자본으로 밀어붙이는 '광고발'이 없어도 가능합니다. 고객의 관심을 끌어내는 것은 송곳처럼 한 방에 팍 꽂히는 한마디니까요. 이 한마디는 살까 말까 망설이는 고객을 0.1초 만에 사로잡습니다. 요즘처럼 비슷한 상품과 서비스가 넘쳐 날 때 한마디의 효력은 더욱 요긴합니다. 더욱 다행인 것은 짧고 찰진 한마디를 만드는 일이 그다지 어렵지 않다는 것입니다.

찰나에 고객을 사로잡는 마이크로 메시지

구글 공동 창업자인 세르게이 브린과 래리 페이지는 검색 엔진 개발에 성공한 다음 투자금을 받기 위해 세콰이어 캐피털을 찾아가 이렇게 어필했습니다.

"구글은 한 번의 클릭으로 전 세계의 정보를 제공합니다."

단 한 문장입니다. 이후 세콰이어 캐피털은 투자를 요청하는 사업가들에게 '구글처럼 10단어 이내로 사업을 설명하지 못하면 투자할 생각이 없다'고 공언했습니다.

마케팅 글쓰기는 명료함이 전부입니다. 명료하지 않으면 고객과 의사소통 자체가 불발입니다. '짧게, 쉽게, 재밌게!' 이런 조언도 고객으로부터 원하는 반응을 불러오지 못하면 의미 없습니다.

최소 단어, 최대 효과의 법칙

거대한 규모로 막강한 위세를 떨치는 중국의 핀테크 시장에서 초스피드로 움직이는 세력은 온라인에 있습니다. 바로 미국의 금융 기업 캐피털 원 출신으로 구성된 '디이헤이방(第一黑帮)'입니다. 이 그룹이 정보를 교환하는 방법은 다름 아닌 SNS입니다. 그러니까 우리로 치면 '단톡방'에서 짧은 메시지를 주고받으며 중국 핀테크 시장을 주무르는 것입니다.

소셜 미디어 시대의 소통은 액수가 많든 적든, 중요하든 사소하든, 긴급하든 느긋하든, 짧고 간결하게 소통하는 '마이크로 스타일'이 대세입니다. 마이크로 시대에는 마이크로 메시지만 통합니다. 길어야 두어 문장, 짧으면 한마디로 전달되는 메시지입니다.

간결함이 생명인 마이크로 메시지는 최소한의 표현으로 최대한의 메시지를 전달해야 합니다. 그래서 단어가 중요합니다. 어떤 단어를 고르고 어떻게 조립했는지에 따라 소통의 승패가 갈립니다.

최소한의 단어로 최대한의 메시지를 전달하는 마이크로 메시지는 스마트폰과 인터넷 환경에서 가장 큰 영향력을 발휘합니다. 빠르게 스쳐 지나가는 작은 화면으로 메시지를 전달하려면 더 적은 단어로 더 많은 메시지를 표현해야 합니다. 사정이 이렇다면 '글쓰기가 결국 단어의 일'이라는 말의 의미를 이해할 수 있을 것입니다. 결국 글쓰기는 적확한 단어를 찾고 배열하는 게 전부입니다.

인터넷과 스마트폰은 순식간에 인간의 읽는 패턴을 바꿔 놨습니다. 사람들은 흥미 없는 것에는 잠깐의 눈길도 주지 않습니다. 그들을 자극하려면 어떻게 해야 할까요? 사람들의 시선을 잡는 유일한 올가미는 구구절절한 문장도, 요약이 필요한 단락도 아닌 단 한 마디입니다.

와우! 정곡을 찌르는 유쾌한 탄성

'심플스(Simples)'

세계적으로 유명한 영국의 출판사 '하퍼콜린스'에서 발행하는 사전에 등록된 지 10년도 채 안 된 어휘입니다. 이 말은 정곡이 찔린 듯, 딱 이거다 싶은 한 방을 접했을 때 사람들이 사용하는 감탄사입니다. 듣고 싶었는데 뭐라 토를 달 수 없을 만큼 적확한 한마디를 접하면 사람들은 '심플스!'라고 외칩니다.

그렇습니다. 0.1초 만에 클릭하는 단 한마디를 쓰는 기술은 순식간에 고객의 구매 급소를 명중해 판매에 성공하는 마케팅 기법입니다. 고객이 '심플스!'를 외치게 합니다. 예리한 한마디로 어떤 고객도 한 번에 항복하게 만드는 놀라운 언어 기술입니다.

마케팅 용어에 '결정적 순간'이라는 말이 있습니다. 이 말은 고객이 구매 과정에서 판매자인 당신과 접하는 모든 순간을 말합니다. 이 모든 순간에 고객의 입에서 튀어나온 '심플스!'라는 감탄사가 지갑을 여는 주문으로 바뀌는 것, 이것이 혹하는 문장 쓰기 기술의 진수입니다.

당신이 쓴 단어에 주목하라

구글은 세계 최고의 정보 통신 기업이지만 주요 수익원은 광고입니다. 95자 이내의 짧은 텍스트만 허용되는 광고 플랫폼으로 어마어마한 수입을 벌어들입니다. 우리나라 기업인 네이버의 키워드 광고는 '제목 15자, 설명 45자'까지 허용됩니다.

구글과 네이버의 주요 돈벌이 수단은 바로 단어입니다. 수많은 마케터가 구글과 네이버에서 고객이 입력하는 대여섯 개의 단어, 25자 내외의 한마디를 차지하기 위해 천문학적인 돈을 씁니다. 비대면 온라인 시대일수록 단어 하나가 일과 일상을 좌우한다고 해도 과언이 아닙니다.

"탁월한 성과를 내는 리더들은 승자의 단어를 선택한다."

윌리엄 반스 교수는 예일 대학교에서 세계 각국 리더들에게 비즈니스 커뮤니케이션을 지도합니다. 그는 잘나가는 리더들에게 탁월한 단어 구사 능력이 있다고 증언합니다. 이미지가 뚜렷이 각인되는 단어를 고르는 데 능하며 그것을 '승자를 위한 단어'라고 부릅니다. 예를 들어 '문제'는 '장애물'로, '생각하기'는 '전망하기'로, '말하다'는 '내용을 공유하다'로 표현합니다.

승자의 단어를 쓰면 듣는 사람이 더 잘 이해할 수 있고 설득 효과도 탁월합니다. 많은 심리학자가 반스 교수의 주장에 손을 들어 줬습니다. 월 스트리트 저널 같은 주요 경제 전문지에서도 단어를 신중하게 사용합니다. 이처럼 짧은 한마디로 큰 효과를 내려면 찰진 단어가 필수입니다.

머릿속에 지름길을 만드는 단어의 힘

'3% 날씬한 저지방 소시지!'

3% 날씬한? 이 소시지를 먹으면 몸무게가 3% 줄어든다는 말일까요? 아니면 소시지의 지방을 3% 줄였다는 걸까요? 이 광고의 속

뜻은 '두부의 지방 함량이 5%대라는 점을 고려하면 이 소시지는 두부보다 지방 함량이 낮다'입니다. 하지만 이 3%가 정확히 어떤 의미인지 바로 알아채기 어렵죠. 문장을 직관적으로 고쳐 볼까요?

'소시지, 두부보다 지방이 적다!'

건강식의 대표 주자인 두부보다 지방이 적은 소시지라는 의미가 바로 이해됩니다. 뇌는 결정부터 내리고 후에 생각합니다. 이성적이지도, 논리적이지도, 합리적이지도 않죠. 늘 해 오던 방식으로 짐작하며 판단하는 뇌는 첫 느낌을 강하게 받아들입니다.

'스피드 눈썹 메이크업'

이런 한마디를 만나면 '스피드? 얼마나 빠르다는 거야?' 하고 의문이 생길 수 있습니다. 고객이 생각하게 만들면 실패입니다. 더 직관적인 문장으로 만들어 봅시다.

'1초 눈썹 메이크업'

'스피드' 대신 '1초'라는 단어를 사용했습니다. 고객은 이 문장을 보자마자 얼마나 빠른 메이크업인지를 단번에 알 수 있습니다.

우리의 뇌는 파블로프의 개처럼 특정 단어를 들으면 특정 반응이 자동적으로 일어납니다. 이것을 '지름길 반응'이라고 합니다. 따라서 빠른 속도로 달려가는 사람도 읽는 데 지장이 없도록 핵심 단어로 승부해야 합니다. 특히 한국인 특유의 '끝까지 들어 봐야 안다'는 식의 화법은 뇌에 치명적입니다. 반드시 뇌에 지름길 반응을 일으키고 재빨리 내가 원하는 반응을 끌어내는 단어를 골라야 합니다.

유명 카피라이터는 어떤 단어를 쓸까?

카피라이터는 비싼 글을 씁니다. 광고주에게 대가를 받고 글을 쓰기 때문입니다. 그들은 어떤 단어를 써야 소비자의 주머니를 열 수 있는지 귀신같이 압니다. 그리고 그들 간에는 돈이 되는 글쓰기를 보장하는 단어 사용법이 불문율처럼 전해집니다.

여기, 카피라이터의 아버지라 불리는 데이비드 오길비가 추천한 제목용 단어들을 소개합니다. 제목에 넣으면 폭발적인 영향력을 발휘하는 표현들입니다. 이메일 제목, 페이스북 타임라인, 카카오톡 상태 메시지 등에 활용해 보세요.

~하는 방법 / 지금 / 알립니다 / 소개합니다 / 여기 있습니다 / 또 있습니다 / 막 도착한 / 개선 / 놀라운 / 센세이셔널한 / 주목할 만한 / 혁명적인 / 중요한 발전 / 마지막 기회 / 깜짝 놀랄 만한 기적 / 마술과도 같은 / 권합니다 / 쉽고 빠른 / 도전 / 조언합니다 / 공짜 / 무료 / 비교하세요 / 할인 / 서두르세요

의도한 생각만 떠올라야 잘 쓴 한마디다

'재난 소득금'

'재난 지원금'

2020년 5월, 코로나19 사태로 촉발된 경제 위기를 극복하기 위해 정부가 국민에게 돈을 부었습니다. 당신은 이 둘 중 어느 것을 받았나요? 경기도와 경상남도에서는 '재난 기본 소득금'을, 그 외 지역은 '긴급 재난 지원금'을 받았습니다. 같은 목적으로 주는 돈인데 왜 이름은 다를까요? 비슷한 표현이지만 둘은 큰 차이가 있습니다.

경기도에서 재난 소득금이라고 표현한 이유는 '국민은 시혜의 대상이 아니며 기본 소득을 요구할 의무가 있다'고 생각했기 때문입니다. '소득'은 미래 지향적이지만 '지원'은 일회적이며 휘발적인 느낌이 듭니다. 만약 '수당'이라는 단어가 들어가면 어떨까요? 반복적으로 지원해 준다는 오해를 부를 수도 있습니다. 그러니 아무 단어나 쓸 수 없는 것입니다.

순간 인식되는 시간 0.1초

영화 자막은 3초마다 한 문장을 보여 줍니다. 1초간 받아들여야 하는 글자가 약 3~4자니까 3초에 12자씩 보여 주는 셈입니다. 당신의 한마디도 영화 자막처럼 순간 인식되게 쓰세요.

0.1초 만에 고객을 사로잡는 한마디를 만들려면 짧은 단어를 써야 합니다. 짧은 단어는 '보는' 것이고, 긴 단어는 '읽는' 것입니다. 고객은 읽지 않습니다. 빼도 의미 전달에 지장이 없는 단어는 과감히 빼세요. 긴 문장을 최대한 줄여 한눈에 보이게 만드세요. 수동태보다 능동태로, 부정적인 단어보다 긍정적인 단어로, 관념적인 단어보다 구체적인 단어로 쓰세요. 메시지가 빠르게 전달됩니다.

우리의 뇌는 '움직인다'는 단어를 읽으면 저도 모르게 움직이려고 준비합니다. 이런 식으로 어떤 단어는 뇌의 특정 부분을 자극해서 행동을 끌어냅니다. 이처럼 단어가 가진 영향력을 이해하면 잘 고른 단어 하나로 내가 의도한 반응을 끌어낼 수 있습니다. 그래서 단어 하나하나를 제대로 아는 것이 중요합니다. 문장에 쓰인 단어를 하나만 바꿔도 마치 다른 사람이 쓴 글처럼 좋아지는 것입니다.

고객의 머릿속에 단어 하나를 심을 수 있는가?

마케팅은 언어로 승부하는 전쟁입니다. 고객에게 메시지를 제대로 전달하는 사업가, 마케터, 판매자만이 살아남습니다. 이 전쟁은 소셜 미디어로 전장을 옮겨 왔고 무기도 바뀌었습니다. 바로 문자 언어가 소셜 마케팅의 핵무기입니다.

잘 팔리는 한마디로 소셜 고객을 매혹하는 마케팅 글쓰기 능력은 소셜 시대의 사업가, 마케터, 판매자들의 생존력입니다. 그들은 의도한 대로 고객의 관심을 끌기 위해 단어라는 스위치를 자유자재로 켜고 끕니다. 단어만 바꿔도 사람들의 머릿속에 각기 다른 그림을 그릴 수 있습니다.

다시 강조하지만 단어 하나하나를 제대로 아는 것이 중요합니다. 막연히 알고 있는 것으로는 부족합니다. 각 단어가 미치는 영향력에 주목하세요. 인간은 '사실'보다 '단어'에 더 큰 영향을 받습니다. 인간의 마음은 언어의 지배를 받기 때문입니다.

억만장자 마케터는 어떤 단어를 쓸까?

세일즈로 억만장자의 반열에 오른 케빈 호건이 추천하는 단어들입니다. 그는 고객의 관심을 끌고 구매를 자극하려면 아주 강력한 힘을 발휘하는 단어를 사용하라고 권합니다.

~에 대한 진실 / ~하는 방법 / 가치 있는 / 간단하게 해 주는 / 개선된 / 게다가 / 결과 / 경고 / 경험하다 / 고맙다 / 권장하는 / 극복하다 / 기쁨 / 기적 / 깨닫다 / 낭만적인 / 놀라운 / 달래다 / 도전 / 독점적인 / 독창적인 / 돈을 벌게 해 주는 / 돈을 절약하는 / 돕다 / 두드러지는 / 때맞춘 / 뛰어난 / 마법 / 마음의 안정 / 마침내 / 만족시키다 / 만족한 / 매력적인 / 맵시 있는 / 멈추다 / 무료의 / 무제한의 / 믿을 만한 / 발견하다 / 보증하다 / 비교하다 / 비밀 / 비범한 / 비상한 / 빠른 / 사랑 / 상상하다 / 새 발견 / 서두르다 / 서비스 / 선택 / 선풍적인 인기의 / 세일 / 소개하는 / 쉬운 / 쉽게 / 스릴 / 신뢰받고 있는 / 신선한 / 신속하게 / 실용적인 / 싼 물건 / 쓸모 있는 / 안도 / 안락한 / 안전 / 안정적인 / 약속하다 / 에너지 / 예외적인 / 완벽한 / 완전한 / 왜냐하면 / 유익한 / 인정받은 / 입증된 / 자

극하는 / 자연스러운 / 자유로운 / 재미있는 / 저항할 수 없는 / 전달하다 / 전문가 / 전통적인 / 정직한 / 제안하다 / 조사하다 / 주목할 만한 / 주의 / 중요한 / 즉각적으로 / 지금 / 지위 / 진보 / 참신한 / 치유하다 / 친밀한 / 탁월한 / 특가 / 편리한 / 편안하게 하다 / 필요 불가결한 / 필요한 돈 / 할 만하다 / 할인 / 혁신적인 / 호화로운 / 효과적인 / 흥분시키는 / 힘 있는

조회수 높은 한마디를 만드는 ABC 공식

사람들은 이제 한눈에 쓱 합니다. 결제도, 검색도, 읽기도, 구매도 한눈에 쓱 하고 맙니다. 고객의 눈을 사로잡지 못하면 클릭되지 않습니다. 클릭 없이는 검색도, 유인도, 판매도 없습니다. 그러므로 우리가 쓰는 모든 글은 어떤 표현을 사용하든지 '퀵클릭(Qick Click)' 하게 만드는 한마디여야 합니다. 0.1초 만에 클릭하는 짧고 찰진 한마디는 ABC 공식으로 정리할 수 있습니다.

① At once, 첫눈에 반하는

첫인상에 두 번째란 없습니다. 보자마자 무조건 클릭하게 만들어야 합니다.

② Brief, 짧게 잘 쓴

짧게 그리고 잘 쓴다는 것은 간결한 한 줄로 표현하는 것입니다. 핵심을 빠르게 전달합니다.

③ CTA(Call To Action), 의도한 반응을 끌어내는

핵심을 빠르게 전달하면서 원하는 것을 명확하게 요청합니다. 그래야 상대가 빠르게 반응합니다. 0.1초 만에 클릭하는 한마디의 존재 이유는 의도한 반응을 끌어내는 데 있습니다. CTA은 마케팅 용어로, 의도한 특정 반응을 끌어내기 위한 일련의 작업입니다. 문구, 버튼, 링크 등의 기술적 장치가 있습니다.

유튜브로 손해 보는 사람들의 공통점

유튜브는 영상을 전달합니다. 그래서 많은 사람이 글쓰기와 무관하다고 여깁니다. 제 주위에도 그런 생각으로 유튜브를 시작하는 이들이 적지 않습니다. 그런데 영상 장비를 사고 많은 시간을 투자해도 결과가 신통하지 않을 때가 많습니다. 말을 잘하고 이미지가 그럴듯하고 촬영과 편집 수준이 높아도 스타가 되기에는 역

부족입니다. 이들은 결국 손해를 보고 채널을 접습니다.

결론만 말하면 '잘 먹히는 한마디'가 있어야 스타 유튜버가 됩니다. 유튜브 제목, 채널명, 내가 운영하는 유튜브가 어떤 내용을 다루는지 설명하는 글, 키워드 등을 잘 쓰지 못하면 당신의 영상은 수많은 영상에 묻혀 버리고 말 것입니다.

시청자를 불러들이고 '좋아요'와 '구독'을 끌어내는 역할 역시 글쓰기가 합니다. 아무리 이미지와 영상이 중요해도 결정적인 역할은 이미지를 설명하는 '글'입니다. 제목을 잘 지어야 검색이 되고 썸네일의 글이 흥미로워야 클릭합니다. 사용 후기 글도 마찬가지입니다. 고객은 사진만 보지 않고 글로 된 후기를 함께 읽습니다. 결국 정확하고 확실한 정보는 영상이나 이미지를 설명하는 텍스트가 제공하는 것입니다.

TIP

뇌에 바로 꽂히는 제목 쓰기

미국의 콘텐츠 마케팅 회사에 따르면 10명 중 8명은 콘텐츠의 제목만 읽고 내용은 넘긴다고 합니다. 아무리 내용이 좋아도 제목이 별로면 사람들은 읽지 않습니다. 그래서 제목 짓기에 시간과 공을 들여야 합니다.

선택과 구매를 끌어내려면 고객의 뇌를 파악해야 합니다. 뇌가 작용하는 원리를 알면 조회수 높은 문장 쓰기는 식은 죽 먹기입니다. 뇌 과학이 알려 주는 짧고 찰진 한마디 비법으로 읽자마자 클릭하는 제목을 만들 수 있습니다.

① 새롭거나 놀랍거나

'5살짜리 아이가 6주 만에 피아노를 완벽하게 치는 방법'

아이패드 광고 속 한마디입니다. 악보도 읽기 힘든 5살짜리 아이가 어떻게 피아노를 배우고 6주 만에 마스터할까요? 뇌는 새로운 것을 좋아합니다. 깜짝 놀랄 정도로 신선한 정보가 들어오면 뇌는 금방 반응합니다. 상식을 깨는 한마디로 사람들의 호기심을 자극해야 합니다.

② 이상하거나 어색하거나

'진한 두유 검은콩 식빵을 읽다'

진한 두유? 검은콩 식빵을 읽다? 대체 왜 책이 아니라 식빵을 읽는지 알고 싶어집니다. 평소와 다른 좀 이상한 표현, 어색한 조합이 뇌를 매혹합니다. 이것은 베이커리 브랜드에서 '빵을 사기 전에 얼마나 좋은 재료로 만들었는지 확인하라'는 의미로 진행한 캠페인입니다. 이 한마디로 매출이 자그마치 15%나 늘었다고 하죠.

③ 질문으로 불러내기

'서울대생은 중학교 3학년 때 뭐 했을까?'

'갓 찐 떡은 어떤 맛일까?'

새삼 궁금해집니다. '그러게. 서울대생은 중3 때 특별히 한 게 따로 있나?', '정말로 갓 찐 떡은 맛이 다를까?' 뇌는 이렇게 질문을 들으면 답을 찾고 싶어 합니다. 실제로 일반적인 한마디보다 질문으로 불러내는 한마디가 2배의 클릭을 부른다고 합니다.

④ 부정적으로 과장하기

제목을 지을 땐 긍정적인 표현, 최상급 표현을 많이 씁니다. 하지만 실제로 실험한 결과, 부정적으로 과장하는 제목이 긍정적인 표현이나 최상급 표현보다 훨씬 클릭률이 높았습니다. 실제로 제 블로그에 있는 글도 그랬습니다.

'글쓰기를 배우려면 책 쓰기부터 하세요'

'글쓰기 코치인 저는 글쓰기는 가르치지 않습니다'

긍정적인 전자의 표현보다 부정적인 후자의 표현을 쓰자 조회수가 훨씬 높습니다. 긍정적인 표현을 쓴 마케팅 문구를 많이 접하다가 갑자기 부정적인 한마디를 만나니 뇌가 쉽게 흥미를 갖는 것입니다. 이를 잘 활용하면 더 많은 클릭을 부를 수 있습니다.

⑤ 콕 집어 호출하기

'눈이 침침한 분만 보세요'보다 '눈이 침침한 50대만 보세요' 하고 고객을 콕 집어 부르면 집중도가 높아집니다. '벌써 노안인가 싶은 30대만 보세요'라고 쓰면 '어, 나도 그런데?' 하며 주목하게 됩니다.

'퇴직에 대비한 마케팅 글쓰기 수업'

세상의 어떤 직장인이든 때가 되면 퇴직합니다. 하지만 그들 모두에게 이야기하면 아무도 귀담아듣지 않습니다. 범위를 좁혀 보면 어떨까요?

'올해 연말에 퇴직하는 사람을 위한 마케팅 글쓰기 수업'

이렇게 고객을 콕 집어 불러 세우면 많은 사람이 '아, 저건 나를 위한 것이야' 하고 자신에게 필요한 정보로 생각하게 됩니다.

⑥ 단어보다 숫자

뇌는 숫자를 좋아합니다. 숫자는 불확실성을 줄여 주기 때문이죠. 숫자를 포함한 한마디는 클릭률이 높습니다.

'어떻게 하면 조회수 높은 글을 쓸 수 있을까?'

이 한마디는 조금 막연하고 모호합니다. 여기에 숫자를 넣으면 구체적으로 변합니다.

'조회수 2배 높아지는 글쓰기 5분 가이드'

이때, 한글보다 아라비아 숫자로 쓰는 게 훨씬 잘 통합니다. '세 가지 방법'보다 '3가지 방법'이 눈에 더 잘 들어오기 때문입니다.

⑦ 안 보고 못 배기는 세트 메뉴 표현

선택지가 너무 많아서 결정을 못 하는 사람이 많습니다. 이럴 땐 좋다고 이것저것 다 권하기보다 몇 가지만 골라 포장하면 훨씬 잘 먹힙니다.

- 당신이 피해야 할 6가지
- 당신이 반드시 해야 할 6가지
- 그렇게 되지 않기 위해 피해야 할 7가지
- 당신이 ○○하려면 하지 말아야 할 9가지
- ○○에 대한 두려움을 피하는 9가지
- 3주 안에 ○○하는 3가지 방법
- 놓치지 말아야 할 3가지 핫 트렌드
- 고객을 안심시키는 9가지 룰
- 성공하는 2가지 법칙
- 쉽고 빠르게 마케팅 글쓰기 마스터하는 기술 7
- 재수로 원하는 대학에 가는 6가지 노하우
- 소셜 마케팅 성공하는 방법 11가지

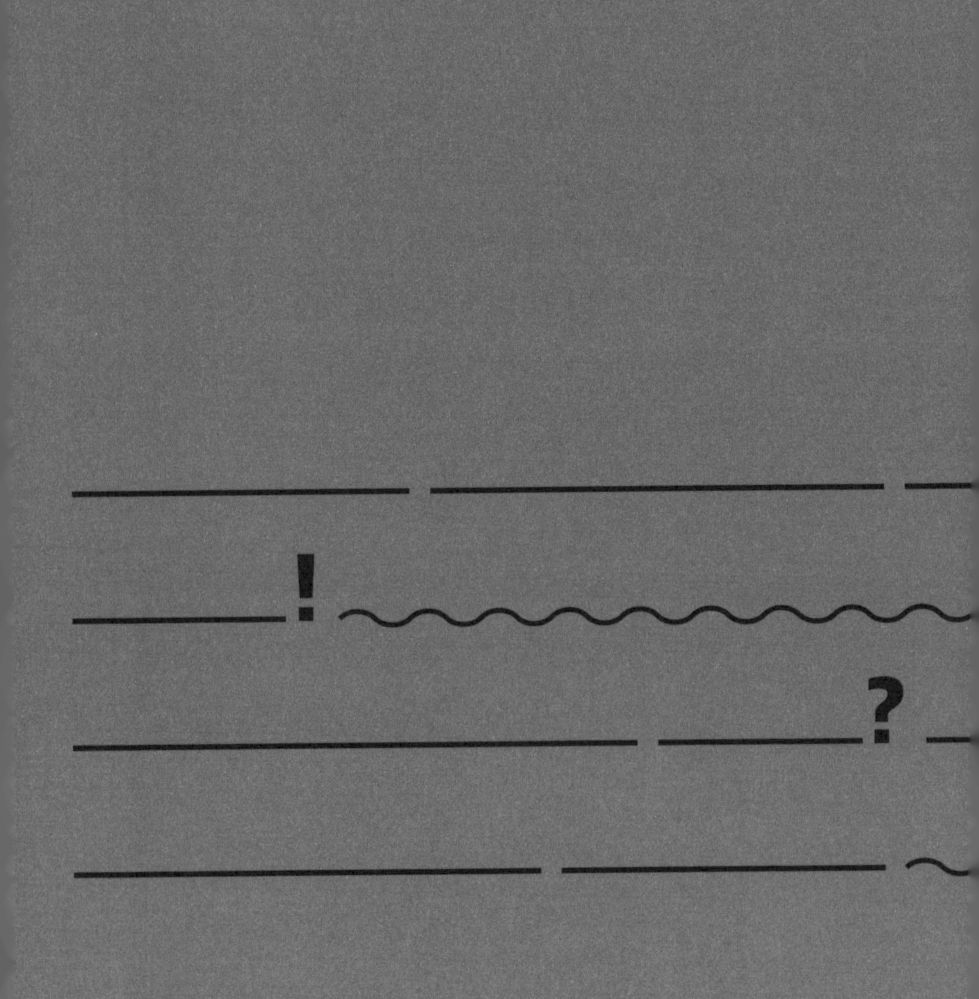

2장

Clicking

조회수 높은 문장의 비밀

사람들은 뭘 보고 클릭할까?

___ _______________?

______, ____________.

______ _______ __________

~~~ ________.
~~~

당신의 유튜브를 사람들이 안 보는 이유

대학 강사인 조 선생은 강사법 제정 이후 위태로워진 강사 자리의 대비책으로 유튜브를 시작했습니다. 말하기에 자신 있는 편이고 마침 코로나19 사태로 외부 활동이 제한되자 유튜브에 전념하기도 좋았죠. 그랬던 조 선생이 6개월 만에 유튜브를 접을지 말지 고민하게 됐습니다.

조 선생은 영상을 기획하고 촬영하고 편집해서 업로드하면 끝인 줄 알았습니다. 그런데 수익을 만들려면 그게 다가 아니었습니다. 우선 조회수와 구독자가 많아야 합니다. 그러려면 영상 노출이 잘 돼야 합니다. 영상이 잘 검색되려면 결국 제목, 채널 설명, 커뮤니

티에서 소통하는 일이 필요했죠. 조 선생은 유튜브도 글쓰기가 중요하다는 것을 나중에서야 깨달았다고 합니다.

클릭의 관건은 혹하는 한마디에 있다

백문이 불여일견이라 합니다. 사람들은 글보다 이미지나 영상이 훨씬 잘 먹힌다고 생각합니다. 그래서 기업의 홈페이지, 인터넷 쇼핑몰, SNS에는 근사한 이미지와 영상들이 차고 넘칩니다. 그런데 정말 글보다 이미지가 중요할까요? 이미지는 시각적으로 자극을 전달합니다. 그래서 글보다 흥미롭고 빠르지만 이미지만으로는 의도한 메시지를 정확하게 전달할 수 없습니다.

제목도 자막도 없는 영상을 떠올려 보세요. 소비자들이 그 영상을 끝까지 볼까요? 영상에 글이 추가되면 시청자는 훨씬 더 잘 기억하고 떠올립니다. 텔레비전 예능 프로그램은 자막으로 흥망성쇠가 갈린다는 경험칙이 이를 증명합니다. 그래서 잘나가는 유튜버는 인기 예능의 제작자처럼 썸네일에 들어갈 짧고 찰진 한마디를 만드는 데 돈, 시간, 에너지를 들입니다.

지금은 순간의 관심이 '좋아요'와 '구독'을 쌓고 수익까지 결정하는 시대입니다. 당신의 유튜브 영상이 5초도 못 가 스킵되지 않으려면 짧고 찰진 한마디로 어필해야 합니다. 2시간짜리 영화도, 1권의 책도, 16부작 드라마도 사람들은 기억에 남는 한마디로 기억합니다. 한마디는 단지 내용을 줄여 쓰는 게 아닙니다. 의도와 맥락에 꼭 맞게 써야 합니다. 핵심만 빠르게 전달해서 원하는 반응을 얻어야 합니다.

클릭되거나 묻히거나

정치인은 '사운드 바이트'에 목숨을 겁니다. 사운드 바이트란, 뉴스에서 인터뷰한 사람의 발언을 짧게 따서 내보내는 한마디입니다. 이슈가 된 사운드 바이트는 또 다른 뉴스를 부르고 많은 사람의 입에 오르내리죠. 정치인은 득표를 위해 인지도를 높여야 합니다. 그래서 유권자의 기억에 남는 한마디를 만들기 위해 전문가를 고용하기도 합니다.

일부터 생활까지 거의 모든 일상이 온라인 무대로 옮겨 간 지금은 모두가 정치인처럼 사운드 바이트에 좌우됩니다. 고객의 눈에 띄지 않으면 클릭되지 않고, 클릭되지 않으면 마케팅은 실패합니다. 사운드 바이트는 읽자마자 귀에 팍 꽂히고 뇌리에 콕 박히며 입에 쏙 담깁니다. 잘 쓴 한마디는 사람들이 금방 알아듣고 오래 기억하며 금세 널리 퍼집니다. 작은 화면에 필요한 정보를 담는 썸네일과 제목도 짧고 찰진 한마디가 킬(kill)과 콜(call)을 좌우합니다.

당신의 목적은 무엇인가요? 조회수를 올려 물건을 팔든 유명세를 얻든 원하는 것이 있다면 고객을 0.1초 만에 유혹하는 한마디를 쓰세요. '쓱' 먹힌 한마디는 독자의 클릭을 부를 것이고 그게 아니면 '순삭(순간 삭제)'되고 말 것입니다.

이제 당신의 유튜브가 실패한 이유를 알았나요? 당신이 의도한 대로 독자가 반응하게 하려면 이미지를 쓰든 영상을 곁들이든 반드시 의도를 콕 집어 전달하는 결정적 한마디를 동반해야 합니다. 제품, 서비스, 아이디어의 매력을 어필하고 선택하게 만드는 결정적인 한 방은 짧고 찰진 한마디뿐입니다.

구독자 수 급상승하는 유튜브 채널의 2가지 특징

유튜브는 세계 2위의 검색 엔진입니다. 영상이 워낙 많다 보니 아무리 내용이 좋아도 검색되지 않으면 무용지물이고, 운 좋게 검색어에 걸려도 클릭되지 않으면 묻힙니다. 그래서 영상의 얼굴과도 같은 썸네일이 중요합니다. 유튜브 썸네일은 영화 포스터처럼 한눈에 읽혀야 합니다.

당신은 썸네일에 투자할 돈과 시간적인 여유가 충분한가요? 없어도 실망하지 마세요. 초보 유튜버라도 한마디 비법만 익히면 눈길을 사로잡는 썸네일을 만들 수 있습니다. 조회수 높은 썸네일의 2가지 특징을 알려 드리겠습니다.

① 핵심 키워드를 맨 앞에 쓰기

유튜브 썸네일은 영상의 내용을 명확하게 보여 주는 키워드를 포함해야 합니다. 이 키워드는 가급적 제목 앞부분에 나오는 게 좋습니다. 제목이 너무 길어서 뒷부분이 잘리면 중요한 키워드가 노출되지 않을 수도 있으니까요.

한눈에 보기 좋은 제목의 길이는 보통 6개 단어로 구성된 문장입니다. 평균적으로 사람들이 검색 화면을 훑어볼 때 제목의 첫 3개 단어와 끝의 3개 단어만 기억합니다. 그래서 키워드를 포함한 썸네일 제목은 짧고 간결한 25자 이내로 쓰는 게 좋습니다.

② 동기를 부여하는 보상형 문장 쓰기

썸네일 속 한마디는 짧아야 합니다. 그런데 주제를 한두 단어로만 연결하다 보면 순식간에 클릭을 유도하는 후킹(Hooking)이 부족합니다. 생각할 틈도 없이 단 0.1초 만에 클릭하게 하려면 신박한 미끼가 있어야 합니다. 클릭하지 않고는 견딜 수 없는 보상을 약속해야 합니다. 그래서 주제형보다는 보상형으로 표현합니다.

돈이 되는 글쓰기 3단계 (주제형)

→ 글쓰기로 돈을 버는 3단계 (보상형)

이 게시물을 클릭한 고객은 돈을 벌 수 있을 거라는 기대가 커집니다. 동기를 부여하면 클릭하고 싶은 마음이 커집니다.

글쓰기의 어려움 (주제형)

→ 글쓰기가 어려워 한 글자도 못 쓰나요? (보상형)

SNS에서 흔히 접하는 주제형 한마디를 보상형으로 살짝 손봤더니 클릭만 하면 글쓰기의 어려움을 날려 줄 비책을 알게 될 것 같습니다.

이 2가지 특징을 적용해서 뇌가 즉시 반응하는 유튜브 썸네일을 만들어 보세요. '구독자'와 '좋아요' 수가 반드시 오를 것입니다. 이 기술은 보고서, 제안서, 이메일 같은 비즈니스 글쓰기부터 홈페이지, SNS에 게시하는 온라인 글쓰기, 쇼핑몰 상품 제목이나 설명을 쓰는 세일즈 글쓰기, 메신저와 메시지 같은 단문 글쓰기까지 어떤 환경이든 적용할 수 있는 강력한 한마디 비법입니다.

상대방을 분석하는 인감지능을 높여라

'꽃 배달'

이 세 음절로 이뤄진 단어 하나의 가격이 얼만지 아세요? 무려 2,600만 원! 네이버에서 이 단어를 키워드 광고로 한 달 동안 사용하는 데 드는 비용입니다. 사정은 다음, 구글도 마찬가지입니다. 광고 마케팅 비용을 따로 마련하기 어려운 이들에게 어마어마한 비용이 드는 검색 엔진 광고는 언감생심입니다.

그런데 반가운 소식이 있습니다. 요즘 소비자들은 PC가 아니라 스마트폰으로 필요한 정보들을 직접 얻잖아요? 그래서 사람들은 검색 엔진이 골라 준 것보다 정보 더미에서 이거다 싶은 결과물을 직접 발견하고 클릭하기를 더 좋아합니다.

이 말은 그동안 온라인 홍보와 마케팅에서 중시했던 '검색 엔진이 좋아하는 단어를 고르고 조합해야 한다'는 철칙이 더 이상 통하지 않는다는 뜻입니다. 이제 기계가 아니라 사람의 눈에 훅 들어오는 한마디가 아니면 내 고객에게 발견되고 선택되지 않습니다. 달리 말하면 거액의 돈을 들여 '꽃 배달'이라는 키워드를 광고하는 능력보다, 그때그때 적절한 단어를 고르는 선구안이 더 돈이 된다는 의미입니다.

무인양품의 가나이 마사아키 회장은 인공지능이 지배하는 시대에 더욱 중요한 것은 '인감지능(人感知能)'이라고 말합니다. 검색 엔진이 발달해도 소비자의 눈으로 마음을 파고드는 한 줄, 한마디를 쓰는 능력이 필요한 것입니다.

호기심을 자극하라

마음은 참 이상합니다. 아무리 복잡한 것들 사이에서도 끌리는 것은 잘도 알아봅니다. 마음에 훅 안기는 표현을 개발하세요. 가장 쉬운 방법은 호기심을 자극하고 궁금증을 유발하는 것입니다.

'공부를 열심히 하는데 왜 시험만 보면 망칠까?'
'홈페이지 접속자는 많은데 어째서 매출은 그대로일까?'

짐작하겠지만, '왜', '어째서'라는 단어로 의문을 던지면 독자는 '그러고 보니 그러네? 왜 그러지?' 하며 더 읽고 싶어집니다. 이때, 핵심 정보는 본문 속에 감춰 둡시다.

호기심을 자극하는 것과 더불어 문제를 해결해 주는 방법도 클릭을 유발합니다.

'내일 당장 대화가 되는 초간단 영어 공부법'
'일, 사랑, 관계가 술술 풀리는 40가지 심리 기술'

끝까지 읽게 만드는 미끄럼틀 단어

내 글을 보자마자 클릭하게 했다면 이제는 끝까지 읽게 해야겠죠? 그 비결을 텔레비전 예능 프로그램에서 배웁니다.

'60초 후에 공개됩니다.'

잠깐 광고가 나가는 동안 채널을 돌리는 것을 막기 위한 방편입니다. 글도 이런 장치가 필요합니다. 짧은 글 한 편은 대개 4~6단락으로 이뤄지는데 단락의 끄트머리마다 다음을 읽지 않고는 배길 수 없는 미끄럼틀 단어를 붙여서 독자의 일탈을 막을 수 있습니다.

'이것이 다가 아니다.'
'진짜 문제는 다음이다.'
'그래서 어떻게 됐을까?'

예능 프로그램 제작자의 능력은 시청률로 평가됩니다. 그들은 시청률을 올리기 위해서라면 어떤 시도도 마다하지 않습니다. 시청률을 높이려면 같은 시간의 다른 채널 프로그램뿐 아니라 시청자의 집중력과도 싸워야 합니다. 시청자의 집중력이 흐트러지면 시청률이 곤두박질치는 만큼, 순간순간 시청자의 주목을 사로잡기 위한 자막 경쟁이 극심합니다. 단어 사용법을 단련하고 싶다면 예능 프로그램의 자막을 주의 깊게 살펴보기 바랍니다.

한 문장에는 한 메시지만 담기

"나는 많은 사람을 위해 영화를 만든다. 하지만 나는 그들에게 한 번에 한 가지 이야기만 한다."

영화를 만드는 스티븐 스필버그 감독의 말입니다. 과연 뇌를 이해한 사람답습니다. 한 번에 여러 개를 말하고 쓴다 해도 사람들은 한 번에 하나씩밖에 받아들이지 않습니다. 그래서 메시지를 전달할 땐 같은 제품, 서비스, 아이디어라도 의도, 상황, 고객에 따라 각각 다른 방식을 골라야 합니다. 그래야 고객이 빠르게 인식하고 반응합니다.

돈이 되는 글쓰기의 조건

내 상품과 서비스의 장점을 있는 대로 쏟아 내는 것은 위험합니다. 하나도 전달되지 않을 테니까요. 그 많은 장점 중에 딱 하나, 고객이 기억해 줬으면 하는 게 무엇인지를 생각하고 그것만 강조하세요. 그래야 고객의 뇌리와 마음에 문신 같은 한마디를 새겨 넣을 수 있습니다.

'소주 한 병도 배달해 드립니다.'

소주 한 병도 배달해 준다니 다른 서비스는 물어보나 마나입니다. 이 한마디가 '친절하게 모신다'는 입에 발린 백 마디 말보다 효과적입니다. 말하고 싶은 것이 여러 가지라도 그중 하나만 골라 집중합시다.

배달 앱을 열어 중식당을 훑어봅니다. 식당 이름만 다를 뿐 모두 비슷한 메뉴로 채워졌습니다. 만약 그중 한 곳에서 이런 한마디를 써 놓았다면 어떨까요?

'우리는 짜장면을 참 잘합니다.'

콕 집어 하나만 강조하면 다른 요리는 말할 것도 없다는 자신감이 어필됩니다. 어쩌면 짜장면이 아니라 다른 요리가 먹고 싶어도 이곳에서 주문할 것 같습니다.

혹시 장점이 여러 개라면 어떻게 할까요? 샴푸 하나로 찰랑이는 머릿결부터 탈모 방지, 비듬 예방까지 가능하다면요? 다양한 장점 중 하나에만 집중하는 일은 죽어도 못 하겠다면 그 많은 장점을 보자기처럼 감싸는 한마디를 준비하세요.

샴푸와 린스를 한 번에 해결하는 '하나로'
20세의 치아를 80세까지 유지하는 '2080치약'

비즈니스 글쓰기, 마케팅 글쓰기, 논리적 글쓰기 등 다양한 글쓰기와 책 쓰기를 교육하는 저는 이 모든 것을 아울러 '돈이 되는 글쓰기'라 칭합니다. 글을 읽고 쓰는 데는 돈이나 다름없는 시간과 관심을 투자해야 하고, 글을 잘 쓰면 돈이 되고도 남는다는 의미를 담은 한마디입니다.

주어를
내 고객으로 바꿔라

직장인들이 주로 쓰는 비즈니스체 글쓰기와 논문용 학구체 글쓰기를 만화책에 비유하면, 대화체 글쓰기는 애니메이션이라 할 수 있습니다. 대화체 글쓰기는 움직임을 담아내니까요. '누가 무엇을 했다'는 움직임이 표현된 한마디를 접한 고객은 모니터와 스마트폰 액정 너머의 누군가와 대화하는 느낌을 받습니다. 움직임이 포함된 서술형 문장은 자신에게 말을 건다고 느끼기가 쉬워 빠르게 클릭할 수밖에 없습니다.

'오늘 당장 시작하는 책 쓰기'

딱딱하고 고정된 느낌이라 외면당할 것 같다면 이를 서술형 문장으로 고쳐 봅시다.

'오늘부터 내 책 쓰기 어때요?'

또한 서술형 문장에는 행동의 주체인 주어가 있습니다. 주어를 고객으로 만들면 대화체 한마디가 만들어집니다.

'더 싼 곳이 있으면 차액의 2배를 보상해 드립니다.'

이 한마디는 주어가 판매자입니다. 주어를 고객으로 바꾸면 이렇습니다.

'더 싼 곳이 있으면 차액의 2배를 보상받으세요.'

상황의 주체가 되면 참여하고 싶은 마음이 생긴다

주어가 고객이냐 판매자냐에 따라 한마디의 느낌이 확 달라집니다. 고객이 주체가 되면 직접 그 상황을 경험하는 것처럼 실감납니다. 번개같이 소비자의 마음속을 파고들어 문장이 의도한 방향으로 움직일 수밖에요. 판매 현장의 주인은 고객입니다. 그렇다면 대화를 나눌 때도 고객을 주어로 모셔야 합니다.

'건강 검진 결과를 기반으로 각 개인에게 최적화된 서비스를 제공합니다.'

'별도 내사 없이 처리됩니다.'

'오늘 ○○신문에 저희 제품이 소개됐습니다.'

이 문장들은 판매자 입장에서 표현했기에 딱딱하고 일방적으로 들립니다. 쓰는 사람이 아니라 읽는 사람이 주체가 되면 일방형에서 대화형으로 바뀝니다.

'건강 검진 결과를 기반으로 당신에게 최적화된 서비스를 받을 수 있습니다.'

'고객님이 방문할 필요 없이 저희가 책임지고 다 해 드립니다.'

'고객님께서도 ○○신문에 소개된 저희 제품을 알고 계실 겁니다.'

상식을 뒤집는 수상함으로 어필하라

온라인에서 일도 하고 소통도 하는 고객은 글 하나를 읽기 위해 행동을 멈추지 않습니다. 몇몇 단어만 골라 읽을 뿐 당신이 글을 얼마나 공들여 썼든 관심도 없습니다. 이들에게 내 글을 읽게 하려면 색다른 매력으로 시선부터 잡아야 합니다.

"뉴턴은 틀렸다."

아니, 누가 감히 뉴턴을 틀렸다고 하나요? 이는 기능성 브라의 원조 업체인 '원더 브라'의 당찬 한마디입니다. 뉴턴은 모든 사물은 아래로 떨어지는 성질이 있다고 말했고, 이 브래지어는 가슴을 받쳐 올려 주기 때문에 '뉴턴은 틀렸다'라고 합니다.

"우리는 차갑습니다."

한 증권 회사의 한마디입니다. 누구보다 열렬하게 당신의 돈을 지켜 드리겠다고 어필해도 모자란데 느닷없이 차갑다고 고백합니다. 이 한마디의 속뜻은 '세상이 온통 뜨겁게 달궈져 있어도 우리는 당신을 위해 차갑게 생각해야 한다'입니다. 의도를 알고 나니 고객 입장에서 '그렇지' 하며 고개가 끄덕여집니다.

"제발 우리 재킷을 사지 마세요(Don't buy this jacket)."

대체 어떤 옷가게에서 '우리 옷을 사지 말라'고 광고할까요? 세계적인 아웃도어 브랜드 파타고니아의 한마디입니다. 파타고니아는 환경을 생각하는 친환경 기업입니다. 옷 한 벌을 새로 만들 때마다 환경이 파괴되기 때문에 '사지 말고 수선해서 오래 입자'는 메시지를 담은 것이죠. 파타고니아는 사지 말라는 이 한마디 덕분에 오히려 매출과 인지도가 상승했습니다.

비상식이 상식을 이긴다

일반적으로 판매자가 고객에게 강조하는 메시지는 '틀리다'보다 '맞다'를, '차갑다'보다 '따뜻하다'를, '사지 마라'보다 '새 것을 사라'를 사용합니다. 그래서인지 수많은 메시지가 다 비슷해 보입니다. 하지만 흔하면 눈에 띌 리 없습니다. 그래서 돈을 버는 한마디는 과감하게 금기어를 사용하여 0.1초 만에 고객의 주의를 끕니다. 같은 이유로 시선을 잡기 위해 상반된 의미의 두 단어를 결합하기도 합니다.

'똑똑한 바보 대통령'
'찬란한 슬픔'
'침묵의 소리'

바보는 똑똑할 리 없고, 슬픔은 찬란할 리 없으며, 침묵은 소리가 날 리 없습니다. 그럼에도 이질적인 단어의 조합은 한 번 더 눈길이 가고 '더 똑똑하게', '더 찬란하게', '더 큰 소리로'라는 메시지를 역설적으로 강조합니다.

제목이나 카피 쓰기가 막힌다면 우선 상식을 뒤집는 단어를 써 보세요. 누군가를 부르고 싶으면 오지 말라고 쓰고, 뭔가를 하게 하고 싶으면 하지 말라고 쓰고, 좋다고 강조하고 싶으면 별로라고 쓸 수 있습니다. 물론 왜 오지 말라고 했는지, 왜 하지 말라고 했는지, 왜 별로라고 했는지 타당한 설명이 있어야 읽는 사람도 납득할 것입니다.

래퍼들의 노래가 입에 착 붙는 이유

불이 붙듯, 입에서 입으로 전염되는 한마디에도 나름의 비법이 있습니다. 그중 하나는 바로 래퍼처럼 일정한 단어를 반복하는 것입니다. 이것을 '라임'이라고 합니다. 라임이 있으면 쉽게 기억되고 금방 떠올리기 좋습니다. 강조할 때도 이 방법은 매우 강력합니다. 어미에 같은 음이 하나 혹은 그 이상이면 효과가 더욱 좋습니다. 편하고 익숙하면서 리듬감까지 더해져 읽는 사람이 저절로 기억하고 널리 사용합니다.

'세븐 일레븐 좋은 기분'

'브' 발음이 반복돼 입에 착 붙습니다.

'4,000원 애호박에 기겁, 2,500원 오이 보고 식겁'

'겁'으로 끝나는 단어를 나란히 두니 재밌습니다.

'서울 사람 유홍준, 자랑과 사랑으로 쓴 서울 답사기'

'서울'이라는 단어를 반복하여 서울을 강조하기에 충분합니다.

'물오른 싸이, 물 만난 관객, 물 좋은 여름 공연 물량 공세: 싸이 흠뻑 쇼'

이 공연은 여름에 진행됐습니다. '물'이라는 시원한 단어를 반복적으로 사용해서 여름 공연임을 강조합니다.

'말 보살피는 마필 관리사들의 말문 막히는 현실'
'물 너무 만나 물오르지 못한 복숭아'

각각 다른 뜻의 '말'과 '물'을 반복해서 의미를 강조합니다.

비슷한 문구를 나란히 두면 메시지의 영향력이 태풍급으로 강해집니다. 이 방법은 이메일이나 블로그 등 온라인 콘텐츠의 제목을 지을 때 사용하면 읽자마자 클릭하게 만듭니다. 이렇게 말이죠.

'나는 뉴욕을 사랑해. 뉴욕은 당신을 사랑해'

'책잡히는 블로그, 책이 되는 블로그'

'돈이 드는 책 쓰기, 돈이 되는 책 쓰기'

래퍼의 랩처럼 입에 착 붙는 단어 사용법은 재밌고 뇌리에도 콕 박힙니다. 당신도 쉽게 구사할 수 있습니다.

주의할 점은 단순 반복이나 나열이 자칫 말장난으로 치부돼 메시지의 영향력을 반감시키는 경우입니다. 그래서 우선 논리적인 설득력을 갖춘 후 이 기술을 활용해야 합니다.

문장에 힘을 주는 토씨 하나, 문장 부호 하나

토씨는 조사를 뜻하는 우리말입니다. 단어 곁에서 단어가 더 잘 기능하도록 돕는 역할을 합니다. 우리말은 주어처럼 비중 있는 품사는 생략해도 의미 전달에 큰 지장이 없지만 조사에는 아주 민감합니다. '아 다르고 어 다르다'는 말 그대로 토씨 하나 바꿨을 뿐인데 전혀 다른 어감을 전합니다.

'밥은 먹고 다니니?'

'밥을 먹고 다니니?'

'밥도 먹고 다니니?'

이렇듯 토씨 하나로 문장의 뜻이 완전히 달라졌습니다.

'고객이 말했다.'

'고객은 말했다.'

'~이(가)'와 '~은(는)'은 이름하여 주격 조사입니다. 주어를 돕는 토씨지요. 같은 기능인데도 둘은 차이를 보입니다. '~이(가)'가 훨씬 적극적인 느낌을 연출합니다.

일당백 문장 부호

'불쌍하구나?'

책 제목입니다. 제목에 붙은 물음표가 '이 책의 내용이 뭘까?' 하는 호기심을 자극합니다. 만일 물음표가 아니라 느낌표였다면 어땠을까요? '불쌍하구나!'였다면 '불쌍한 이야기겠지' 하며 그냥 넘어갔겠지만 물음표는 시선을 사로잡습니다. 이렇게 단어가 하지 못하는 일을 문장 부호가 해내기도 합니다.

언어의 예술가인 작가들은 단어를 엄격하게 고르는 것은 물론이고 부호 하나로 문장에 변화를 줍니다. 《참을 수 없는 존재의 가벼

움》을 쓴 세계 문학 작가 밀란 쿤데라는 세미콜론을 마침표로 바꾸라고 고집한 출판사와 단번에 헤어졌습니다. 그런가 하면 마르셀 프루스트는 세미콜론을 사랑했고 조지 오웰은 세미콜론 없이도 거뜬하게 글을 썼습니다.

"모든 닿을 수 없는 것들과 모든 건널 수 없는 것들과 모든 다가오지 않는 것들과 모든 참혹한 결핍들을 모조리 사랑이라고 부른다. 기어이 사랑이라고 부른다."

김훈의 산문 《바다의 기별》의 첫 구절입니다. 이대로도 이 문장은 완벽합니다. 하지만 작가는 쉼표를 넣어서 문장의 맛을 확 끌어올렸습니다. 쉼표에 유의하며 소리 내어 읽어 보면 전혀 다른 문장의 맛을 느낄 수 있습니다.

"모든, 닿을 수 없는 것들과 모든, 건널 수 없는 것들과 모든, 다가오지 않는 것들과 모든, 참혹한 결핍들을 모조리 사랑이라고 부른다. 기어이 사랑이라고 부른다."

제목 글에는 문장 부호가 참으로 많은 일을 합니다. 제목은 짧고 강렬해야 하는데 그 역할을 부호가 할 수 있기 때문입니다. 실제로 광고의 헤드라인에 인용 부호가 들어가면 그 헤드라인을 기억하는 비율이 28%나 늘어난다고 합니다.

"오만 아닌 자만에 졌다"
"오만 아닌 '자만'에 졌다"

토씨를 제대로 활용하려면 많이 읽는 수밖에 없습니다. 단, 소리 내어 읽으세요. 그러면 토씨의 쓰임새와 문장 부호의 위력을 뇌가 알아차리고 기억합니다. 내가 쓴 글을 고칠 때도 꼭 소리 내어 읽으세요. 그러면 토씨와 문장 부호가 잘 쓰였는지 아닌지를 바로 알아낼 수 있습니다.

뇌가 오해할 틈을 주지 않는다

뇌는 인색한 구두쇠입니다. 진득하게 듣고 판단하기보다는 핵심 단어만 가려듣습니다. 구두쇠 뇌에게 불필요한 오해를 만드는 단어는 사용하지 않는 게 상책입니다. 핵심 단어 두 개만 득달같이 받아들이기 때문이죠. 따라서 부정적인 의미를 담은 키워드나 부정적인 뉘앙스를 풍기는 표현은 쓰지 않는 게 최상책이겠죠?

일본은 독도를 일본 땅이라고 말합니다. 이때 우리는 독도 소유권을 주장하는 한마디를 어떻게 써야 효과적일까요?

'독도는 일본 땅이 아닙니다'

'동해는 일본해가 아닙니다'

이렇게 표현하면 안 됩니다. 게으른 뇌가 핵심 단어만 받아들이고 '독도=일본 땅', '동해=일본해'라고 오해할 수 있습니다. 뇌가 잘못 생각할 여지를 주지 않으려면 아닌 것은 아예 언급하지 말아야 합니다. 굳이 말하고 싶다면 긍정형으로 분명하게 표현합니다.

'푸른 바다 동해의 독도'

'한결같은 바다, 동해'

부정형 단어 VS 긍정형 단어

아닌 것을 아니라고 쓰면 뇌는 곧장 '아닌 것'을 떠올리고 그것에 얽매입니다.

'비린내가 나지 않는 구룡포 맑은 해풍에 말린 명품 과메기'

고객이 이 한마디를 접하면 제일 먼저 '비린내'라는 단어에 사로잡힐 것입니다. 그리고 뇌는 '비린내 나는 과메기'를 인식합니다.

운이 나쁘면 과메기를 먹는 내내 '비린내'가 머릿속에서 떠나지 않을 테니 과메기를 맛있게 먹기는 힘들겠죠.

"승객 여러분께서는 절대 걱정하지 마시고 안전벨트를 맨 채로 자리에 앉아 계시기 바랍니다."

비행기 조종사가 이렇게 방송을 한다면 어떨까요? 승객의 걱정이 덜어질까요? '걱정' 같은 단어는 다른 단어에 비해 전염성이 아주 큽니다. 이를 '자살골 단어'라고 합니다. 이 안내 방송에서 자살골 단어를 빼 봅시다.

"승객 여러분께서는 안전벨트를 맨 채로 자리에 앉아 계시기 바랍니다."

이전 문장보다 덜 불안합니다. 이렇듯 부정형 단어는 쓰지 않는 것이 좋습니다. 이미지가 생명인 광고의 헤드라인 역시 긍정적으로 표현하는 것이 관례입니다. 그런데 때에 따라서 예외도 있습니다.

'여드름을 치료하는 방법 3가지'
'여드름 치료를 위해 절대 해선 안 될 3가지'

두 문장 중 어느 쪽에 더 눈길이 갈까요? 실제로 실험해 본 결과, '여드름 치료를 위해 절대 해선 안 될 3가지'가 29% 더 많이 선택됐다고 합니다. 이 실험을 진행한 업체에서는 역설은 강한 긍정이기 때문에 '절대 해선 안 되다'처럼 최상급 부정형 용어를 사용하는 것이 효과적이라고 조언했습니다.

신뢰와 명확성을 더하는 숫자 사용법

정보가 차고 넘쳐서 무시하거나 흘려듣기 예사인 요즘엔 콕 집어 알려 주는 한마디가 필수입니다. 숫자는 그런 한마디 안에서 아주 큰 역할을 합니다. 숫자는 구체적인 정황을 명확하게 제시하므로 메시지에 신뢰를 더합니다. 덕분에 마케팅에서는 숫자가 그 어떤 단어보다 많이 팔아 주는 '효자'입니다. 게다가 숫자를 입히면 메시지를 단번에 전달하므로 호기심을 빠르게 자극합니다.

'촉촉한 수분 크림'

이렇게 표현하면 얼마나 촉촉한지 잘 모르겠습니다. 촉촉한 수분 크림은 세상에 많고 촉촉하다는 기준이 각각 다르기 때문이죠. 여기에 구체적인 숫자를 넣어 봅시다.

'13시간 촉촉한 수분 크림'

구체적인 숫자를 입히자 촉촉함이 훨씬 강조됩니다.

SNS, 블로그, 유튜브, 각종 웹 페이지 제목에도 숫자를 넣으면 클릭률이 높아집니다. 실제로 판매율이 6.5%나 증가한다는 보고서도 있습니다. 또한 구체적인 구매율을 내세우면 다수의 의견에 따르려는 '동조 현상'이 나타납니다.

정수기와 공기 청정기를 같이 구매하면 건강에 큰 도움이 된다.
→ 정수기를 구입한 고객 중 70%가 공기 청정기를 구매했다.

○○○ 학습지는 스마트 펜을 사용하면 학습 효과가 올라간다.
→ ○○○ 학습지를 구독한 고객의 90%가 스마트 펜을 함께 구매했다.

어떻게 사용해야 효과적일까?

숫자를 사용할 땐 숫자의 의미를 설명하고 그 숫자가 어떻게 이익이 될 수 있는지 설명해야 고객이 납득하고 반응합니다. 예를 들어 한 사탕 광고에 이런 문구가 있다고 가정합니다.

'한 알에 300미터'

한 알을 먹으면 300미터를 달릴 만큼 에너지를 많이 얻을 수 있다는 의미였습니다. 하지만 이 문구만으로는 어떻게 그럴 수 있는지 논리적으로 설명할 수 없습니다. 흥미는 끌었지만 불신을 남길 위험이 있습니다.

'마이크로소프트의 창업자 빌 게이츠는 1994년부터 350억 달러를 기부했다.'

350억 달러면 어느 정도일까요? 우리 같은 소시민은 단번에 와닿지 않습니다. 사람들에게 익숙하지 않은 큰 숫자는 이해를 돕는 기준을 함께 제시해야 합니다. 위 글을 이해하기 쉬운 표현으로 바꾸면 이렇습니다.

'마이크로소프트의 창업자 빌 게이츠는 1994년부터 350억 달러를 기부했다. 이 금액은 하루 50억 원씩 20년을 매일 기부해야 가능하다.'

또한 숫자는 문자보다 아라비아 숫자를 사용해야 단번에 눈에 띕니다.

'글쓰기가 쉬워지는 단어 사용 기술 다섯 가지'
'글쓰기가 쉬워지는 단어 사용 기술 5가지'

어느 문장에 눈길이 가나요? '다섯 가지'보다 '5가지'로 전달할 때 시선을 확 사로잡습니다. 숫자를 써야 할 때는 문자가 아니라 아라비아 숫자로 넣는 것을 잊지 마세요.

정보나 조언을 제공할 때 쓰면 좋은 표현

누구나 해결책을 간단하게 제시하는 제목에 끌립니다. 이때 숫자와 결합하면 더욱 강력한 힘을 발휘하죠. 다음은 조언이나 정보를 제공할 때 쓰면 좋을 단어들입니다.

○가지 단서 / ○가지 질문 / ○가지 목표 / ○가지 원칙

○가지 전략 / ○가지 요소 / ○가지 방법 / ○가지 접근

○가지 기법 / ○가지 비밀 / ○가지 법률 / ○가지 해답

○가지 조건 / ○가지 단계 / ○가지 타입 / ○가지 개념

○가지 특징 / ○가지 부분 / ○가지 행동 / ○가지 레벨

○가지 결과 / ○가지 이유 / ○가지 특성 / ○가지 요소

○가지 제안 / ○가지 충고 / ○가지 모델 / ○가지 테마

○가지 가치 / ○가지 역할 / ○가지 규칙 / ○가지 교훈

○가지 방침 / ○가지 지침 / ○가지 이점 / ○가지 혜택

○가지 장점 / ○가지 편익 / ○가지 수단 / ○가지 힌트

○가지 팁 / ○가지 콘셉트 / ○가지 요리법 / ○가지 해결책

○가지 시스템 / ○가지 아이디어 / 핵심 법칙 ○가지

지루한 백 마디 말고 신선한 한마디

각종 행사나 이벤트, 텔레비전의 프로그램 모두 제목이 흥행을 좌우합니다. 제목은 단번에 꽂힐수록 좋습니다. 문제는 전문 카피라이터들도 좋은 제목을 짓는 일이 쉽지 않다는 것입니다. 그렇지만 요령만 있다면 초보 마케터도 흉내 낼 수 있습니다. 꽂히는 이름은 기존의 표현을 변형해서 만들 수도 있습니다.

'서울 걷,자 페스티벌'

서울 도심을 두 발로 걷거나 두 바퀴로 달리는 행사입니다.

'건.자'는 행사 주최 측에서 '걷기'와 '자전거'를 합쳐서 새로 만든 단어입니다. 글을 잘 쓰고 말을 잘하는 사람은 자기만의 메시지를 담은 고유한 단어를 만들어 냅니다. 이때 통째로 새로운 언어를 만들기보다 기존의 단어를 비틀어 자기 것으로 만드는 재주를 부리기도 합니다. 저도 이런 식으로 단어를 자주 만드는데요.

'글을 잘 쓰려면 지바고하라'

제가 만든 단어인 '지바고'는 '불필요한 것을 지우고, 문법에 맞게 바꾸고, 이해하기 쉽게 고쳐라'라는 뜻입니다. 이는 '지줄바(지우고 줄이고 바꿔라)'라는 다른 작가의 표현에서 착안한 것입니다.

신선하려면 개연성이 필수다

'알토란'

'동치미'

'황금나침반'

인기 있는 텔레비전 프로그램의 이름입니다. 〈알토란〉은 셰프들의 집밥 비법을 소개합니다. 셰프인 만큼 집에서 해 먹는 메뉴도

알토란 같은 정보를 쏟아 낼 게 뻔합니다. 〈동치미〉는 단어의 느낌 그대로 답답한 속을 시원하게 풀어 준다는 콘셉트입니다. 〈황금나침반〉은 '황금'이라는 단어가 암시하듯 자산 관리를 돕는 프로그램입니다. 세 타이틀의 공통점은 듣자마자 무슨 내용을 다루는지 예측할 수 있다는 것, 그리고 이름을 기억하기 좋다는 것입니다.

'배짱이'

베짱이가 아닌 '배짱이'입니다. 이 단어는 배달 앱 '배달의 민족'을 이용하는 고객들이 만든 팬클럽 이름입니다. '배달의 민족 짱!'의 줄임말이죠.

타이틀을 개성 있게 지으려면 잊지 말아야 할 포인트가 있습니다. 바로 개연성입니다. 타이틀이 내용물을 상징하거나 의도하는 데 어려움이 없어야 합니다. 가령, 월급쟁이들의 자산 관리를 돕는 프로그램이 '빵 굽는 타자기'라면 듣자마자 머릿속에서 연결 고리를 만들기 어려울 것입니다.

개연성이 높은 타이틀은 '기발하네' 하는 탄사를 자아냅니다. 하지만 아무리 근사한 단어라도 내용물을 무리하게 욱여넣으면 오히려 억지스러움에 거부감이 들 수 있습니다. 신선한 한마디에는 개연성이 필요하다는 것을 잊지 마세요.

당신이 의도하는 내용에 가장 가까운 단어를 하나 고르세요. 그 단어에 의도와 의미와 가치를 넣으면 당신만의 타이틀을 만들 수 있습니다.

클릭을 막는
브레이크 단어를 피해라

클릭을 부르는 단어가 있다면 클릭을 막는 단어도 있습니다. 다음은 어느 매장 전면 유리창에 적힌 단어들입니다.

'유화제, 방부제, 착색제'

화학 약품을 파는 곳이 아닙니다. 놀랍게도 이곳은 빵 가게입니다. 가까이 다가가자 아주 작은 글씨가 보입니다.

'… 이런 것을 넣지 않습니다.'

유화제, 방부제, 착색제를 넣지 않는 빵 가게라는 점을 어필하려 했지만 전달에는 실패했습니다. 오히려 이 빵 가게를 '유화제, 방부제, 착색제'로 기억하게 만들었죠. 뇌는 키워드 위주로 인식하고 기억합니다. 그렇기 때문에 오해를 살 수 있는 단어는 아예 쓰지 않는 게 좋습니다.

코끼리는 제발 떠올리지 마

미국 최고의 영양 간식 알엑스(Rx)바는 출시 당시에만 해도 판매 성적이 초라했습니다. 1주일에 400개 남짓 팔렸으니까요. 그런데 불과 1년 만에 한 달 평균 17만 개 이상 팔리는 기염을 토합니다. 재료를 바꾼 것도 아니고 가격을 낮춘 것도 아닙니다. 과연 비결이 뭘까요? 바로 포장지에 딱 두 단어만 실었기 때문입니다.

'쓸데없는 것 없음(NO BS)'

'BS'는 '엉터리(Bullshit)'라는 의미의 채팅 용어입니다. 이렇게 단어 2개로 정리하고 나니 포장지를 채우던 부정적인 단어가 싹 사라지면서 한결 간결하고 강력한 메시지가 만들어졌습니다.

처음 알엑스바의 포장지에는 제품이 얼마나 좋은지 알리는 홍보 문구가 가득했습니다. 그런데 영양 성분표가 길고 복잡할수록 첨가물이 많다는 사실을 통찰했습니다. 포장지에 굳이 '인공 감미료 없음, 글루텐 없음, 방부제 없음' 같은 설명을 쓰다 보면 '인공 감미료 있음, 글루텐 있음, 방부제 있음'으로 오인한다는 것을 알아차린 것입니다. 그래서 영양 성분표를 전문 용어 대신 소비자들이 익히 아는 단어로 표현했고 포장지의 문구를 이렇게 바꿨습니다.

'이 제품을 먹는 것은 계란 3개의 흰자, 땅콩 14알, 대추야자 2개를 먹는 것과 같다.'

이처럼 구두쇠 뇌는 부정적인 문맥을 즉각 처리하지 못합니다. '코끼리는 떠올리지 마' 하면 오히려 코끼리가 자꾸 떠오르는 것처럼 말이죠. 그러니 '무엇을 하면 안 되는가'가 아니라 '무엇을 해야 하는가'로 표현하세요.

잠깐! 쓰기 전에 다시 생각해야 할 단어

사용하는 단어에 따라 고객은 당신이 의도한 것과 전혀 다르게 반응하기도 합니다. 단어 하나를 잘못 쓰면 이런 일이 일어납니다.

추상적인 단어는 설명이 뒷받침됐는지 확인하고, 부정적인 느낌을 줄 수 있는 단어는 신중하게 쓰는 것이 상책입니다.

추상적인 단어

게임의 판도를 바꾸는 / 고객 목소리 / 고객 중심의 / 굉장한 아이디어 / 극적인 / 다음 차원 / 부가 가치의 / 사용자 친화적인 / 새로운 / 새로운 사고 / 세계 수준의 / 시너지 / 열광적인 / 유연한 / 임계 질량 / 전략적인 / 절대 필요한 / 조정 가능한 / 차세대 / 첨단 기술의 / 최상의 기술 / 최첨단의 / 충격적인 / 톡톡 튀는 / 튼튼한 / 혁신적인 / 획기적인

신중하게 써야 하는 단어

걱정하다 / 계약 / 그렇지 않다 / 나쁜 / 노력하다 / 두려움 / 뚱뚱한 / 미친 / 부적절한 / 부족한 / 불가능한 / 불경기 / 불안한 / 불편한 / 비용 / 손실 / 스캔들 / 슬픈 / 실패한 / 싫다 / 아픈 / 안 된다 / 애쓰다 / 어려운 / 어리석은 / 열 내는 / 열세의 / 외로운 / 우습다 / 우울한 / 의무적으로 / 잘못된 결정 / 잘못된 선택 / 전쟁 / 제한된 / 주문 / 죽음 / 지루한 / 초조한 / 한정된 / 황당한

TIP

구독자 수 10배 늘어나는 SNS 제목 쓰기

매일 하루도 빠짐없이 관리하는 소셜 미디어 콘텐츠. 그런데 당신의 게시물은 별 효과가 없나요? 어디선가 배운 대로 글 한 줄, 사진 한 장으로 포스팅하는데 사진을 찾다가 시간을 다 보내지는 않나요? 예비 고객과 교감하고 싶은데 당신의 소셜 미디어는 비즈니스와 거리가 먼 사교 공간으로 전락했나요? 문제는 제목입니다.

여기 당신의 소셜 미디어가 처한 총체적 난국을 해결할 제목 쓰기 패턴을 소개합니다. 사진 찾는 데 들이는 에너지를 제목 짓는 데 쓰면 '좋아요'와 '구독자 수'가 10배 이상 늘어납니다.

패턴① ~하는 방법

- 우리 구청 챗봇 이용률을 높이는 획기적인 방법
- 돈 쓰지 않고 마케팅하는 놀라운 방법

패턴② ~하는 N가지

- 쉽고 빠르고 근사하게 문자 메시지 쓰는 법 3가지

• 잘 팔리는 한마디를 쓰는 비결 3가지

패턴③ ~하려면 ~하라

• 해고당하지 않으려면 임금 피크제를 받아들여라

• 돈 없이 창업하려면 지식을 팔아라

패턴④ ~를 통해 알 수 있는

• OECD 보고서로 알아보는 코로나19 불황 여파

• 재택근무로 알게 된 당신의 피로 지수

패턴⑤ 할 것 VS 말 것

• SNS 제목 쓸 때 절대 넣으면 안 되는 단어

• 당신이 책 쓸 때 가장 먼저 해야 할 일

패턴⑥ 왜 ~일까? / 왜 ~하지 않을까?

• 왜 아마존에서는 화상 회의를 하지 않을까?

• 어째서 세계 최고 인재들은 기본에 집착할까?

패턴⑦ 당신도 ~하고 싶지 않습니까?

• 당신도 좋아하는 일로 창업하고 싶지 않나요?

- 퇴사 후에도 매달 월급을 받고 싶지 않습니까?

패턴⑧ 경고, 주의, 금지

- 경고: 당신의 책을 쓰기 전에는 퇴사하지 마세요
- 주의: 이 운동으로 살이 너무 빠져도 책임지지 않습니다
- 금지: 마스크를 턱에 걸쳐 쓰지 마세요

패턴⑨ 무료, 할인, 공짜

- 5만 원대 패키지를 무료로 드립니다
- 수업료를 80만 원에서 40만 원으로 할인해 드립니다
- 글 잘 쓰기 시트를 공짜로 드립니다

패턴⑩ 어떻게 ~하게 되었을까?

- 마케팅 1도 모르던 그가 어떻게 마케팅 전문가가 됐을까?
- 창업 자금 한 푼도 없이 어떻게 대박 났을까?

3장

Picking

쓰면 팔리는 문장의 비밀

내 취향 대신 대중의 취향으로

오프라인보다 18배 많은 온라인 고객을 잡아라

삼성전자가 신제품 출시 행사를 열면 3,000명가량의 관계자가 모였습니다. 오프라인 공간에서 가능한 최대치입니다. 코로나19 사태로 온라인으로 생중계된 2020년 행사에는 몇 명이 모였을까요? 무려 5,600만 명입니다. 이 전 세계적인 온라인 생중계는 90분 동안 진행됐습니다. 방송 내내 짧은 호흡과 빠른 화면 전환을 보이며 시청자가 집중할 수 있도록 애쓴 흔적이 역력합니다. 신제품의 특징, 강점, 사용감 등 다양한 이야기가 오갔지만 가장 기억에 남는 것은 바로 이 외침입니다.

'채널 고정!'

온라인 시청자들은 여차하면 관심의 끈이 풀려 다른 채널로 넘어가기 일쑤입니다. 과연 '채널 고정'을 외친다고 채널을 고정할까요? 시청자는 지루한 시간을 최대 8초밖에 견디지 못합니다. 그렇다면 채널을 돌리고 싶어도 자꾸만 눈에 밟히고 귀에 꽂히는 한마디를 외쳐야 하지 않을까요?

코로나19 사태로 마케팅의 역사가 새로 쓰입니다. 온라인에서 구현되는 최신 기술을 마케팅에 활용한다고 합니다. 하지만 온라인 기술의 원천은 고객의 흥미와 관심을 순간 확보하고 오래 유지하는 것입니다. 그러기 위해서 핵심을 빠르게 전달하고 곧바로 반응을 얻는 '한마디'를 쓸 수 있어야겠죠.

한마디를 쓰기 전에 고객부터 찾아라

"이메일 제목을 뭐라고 써야 할까요?"

"상품 설명을 어떻게 써야 잘 팔릴까요?"

"유튜브 영상 자막을 잘 쓰는 비결이 있을까요?"

하루에도 몇 번씩 받는 질문입니다. 이런 질문을 받으면 저는 이렇게 반문합니다.

"고객이 누군가요?"

과녁이 어딘지도 모르는데 명중할 리 없습니다. 내 글을 읽을 사람이 누군지도 모르면서 그를 단번에 사로잡는 한마디는 쓸 수 없습니다. 짧고 강렬한 한마디를 쓰는 비결은 고객에서 시작합니다.

단언컨대 팔리지 않는 글은 잘 못 써서가 아니라 고객이 안중에 없기 때문입니다. 글쓰기로 먹고사는 기자, 카피라이터 역시 글쓰기의 시작과 끝에 독자를 둡니다. 읽는 사람이 바뀌면 메시지가 바뀌고 문장도 달라집니다. 고객을 염두에 두면 따로 배우지 않아도 잘 팔리는 문장을 쓸 수 있습니다.

이런 이유로 이 세상 모든 글쓰기 가운데 마케팅 글쓰기가 제일 쉽습니다. 글을 읽을 사람이 정해져 있기 때문입니다. 내가 파는 제품이나 서비스를, 내가 어필할 아이디어를 마주할 고객을 떠올리면 되니까요. 한 번이라도 내 것을 산 적 있거나 내 것에 관심을 둔 사람을 떠올리세요. 그 사람이 사게 만드는 한마디는 고객을 정하지 않거나 고객이 누군지 모르고 쓰는 글보다 만 배는 쓰기 쉽습니다.

고객은 당신이 뭐라 말하든, 무엇을 얼마나 쓰든 관심이 없습니다. 그들 눈앞에 보이는 문장에만 반응합니다. 이 한마디는 고객의 주파수와 맞을 때만 그들에게 전달됩니다. 주파수가 맞지 않으면 무의미한 소음일 뿐입니다.

SNS 고객에게 먹히는 단어

마케팅 전문 작가 브라이언 모리스는 최고의 응답을 부르는 결정적인 단어가 따로 있다고 강조합니다. 그가 소개하는 온라인에서 잘 통하는 30가지 단어를 소개합니다.

~에 의해 발생한 / 100% 환불 보장 / 값 / 강력한 / 거대한 / 검증 / 놀라운 / 당신은 / 돈 들이지 않는 / 때문에 / 모든 / 무료 / 바겐세일 / 발견 / 방법 / 보증 / 부 / 비밀 / 새로운 / 솔루션 / 쉬운 / 실제 결과 / 안전하고 효과적인 / 엘리트 / 의무 / 인스턴트 / 저축 / 좀 더 / 지금 / 프리미엄

반드시 구매자의 단어를 써라

잘 팔리는 한마디를 쓰려면 먼저 고객의 말을 잘 관찰해야 합니다. 그들이 주로 어떤 단어를 사용하고 꺼리는지 살핍니다. 누구나 자주 쓰는 말이 있습니다. 일하는 분야에서 사용하는 전문 용어일 수도 있고 말 습관일 수도 있습니다. 고객이 습관적으로 입에 올리는 단어를 따라 하면 고객의 마음을 빨리 끌어당길 수 있습니다.

3초 만에 육수가 되는 제품을 개발한 업체가 있습니다. 업체는 이 제품을 '고형 육수'라고 불렀습니다. 그런데 고형 육수가 무엇인지 단번에 알아듣는 이가 없습니다. 그래서 용어를 이렇게 바꿨더니 사람들이 바로 알아들었습니다.

'고체형 육수'

'고형'이나 '고체형'이나 의미는 같지만 대중은 '고체형'이라는 표현에 익숙합니다. 마케팅 글쓰기는 소비자에게 무슨 말을 할지 떠올리는 것으로 시작해서 당신이 의도하고 희망한 반응을 끌어내는 것으로 끝납니다. 내 제품, 서비스를 구매할 소비자가 주로 사용하는 용어를 떠올리세요. 한마디 쓰기의 기준은 철저히 '구매자'입니다. 아무리 용의주도하게 단어를 골라도 사는 사람의 마음을 움직이지 못한다면 전혀 다른 의도로 이해되고 구매를 끌어낼 수 없습니다.

매출이 늘어나는 '생계형 단어'

'왜 우리 집만 아파트 관리비가 많이 나올까?'

이 한마디는 서울시 강남구청에서 펴낸 책자의 제목입니다. 제목에서 짐작되듯 아파트 관리비를 어떻게 줄일 수 있는지에 대한 노하우가 담겼습니다. 이 책자는 강남구청에서 펴냈지만 전국에서 찾아 읽을 정도로 인기가 많습니다. 아파트에 사는 사람이라면 누구나 공감하는 말이기 때문입니다. 만약 공공기관에서 흔히 쓰는 '아파트 관리비 절감 방안 길잡이' 같은 제목을 썼다면 이렇게까지 반응이 뜨거웠을까요?

미셸 오바마는 8년이나 생활한 백악관을 떠나며 "이제 세계의 무게를 양어깨에 짊어지지 않는 것은 좋은 일"이라는 말로 소감을 표현했습니다. 하지만 여기에 그치지 않고 "친구들은 이제 내가 초인종을 누르면 나오는 것에 놀라고 딸들은 보안상 이유로 열지 못했던 창문을 마음대로 열 수 있게 됐다"라며, 누가 들어도 금세 이해할 만한 단어들로 친절한 설명을 보탰습니다.

홍보나 마케팅 문구를 쓸 때도 사람들이 주로 입에 올리는 생계형 단어를 쓰면 정확하고 빠르게 전달할 수 있습니다.

'우리 숍의 바디 마사지는 셀룰라이트를 축소하고 바디 라인을 잡아 드립니다.'

이래서는 고객의 흥미를 낚아채기 힘들 듯합니다. 이렇게 바꿔 봅니다.

'우리 숍에서 바디 마사지를 받은 분은 이제 스키니 진을 입습니다.'

생계형 단어를 고를 땐 사람들의 마음속으로 들어가야 합니다. 그러려면 실제로 사람들이 어떤 단어를 많이 사용하는지 알아봐야겠죠. 예상 고객이 많이 모여 있는 커뮤니티 사이트, 네이버 지식인 서비스에서 사람들이 입에 많이 올리는 단어를 찾아봅시다.

마케팅 전문가가 고른 판매용 단어

미국에서 활약하는 카피라이터 리처드 바이얀은 판매에 도움이 되는 상위권 단어들을 제안합니다. 같은 값이면 다홍치마죠? 기왕이면 잘 팔린다고 소문난 단어를 활용해 보세요.

절대적으로 / 완수 / 달성 / 혜택 / 베스트 / 두근두근 / 편리한 / 긴급 / 신뢰할 만한 / 쉬운 / 쉽게 / 확인 무료 / 재미 / 보증 / 보장 / 건강 / 입증 / 작업 방법 / 개선 향상 / 즉시 / 지금 / 새로운 / 사랑 / 돈 / 안전 / 안심 / 개인 / 개인화 / 전원 / 강력한 품질 / 빠른 / 신속하게 / 결과 / 저장 / 비밀 / 충격 / 간단한 / 솔루션 / 단계별 / 강한 / 최고 / 폭로 / 고유 / 해방 / 무제한 / 잠금 해제 / 연승 / 예측 / 당신

다음은 미국 마케팅 업계에서 추천한 단어입니다.

평화 / 조화 / 정직한 / 기부 / 자유 / 안내 / 지혜 / 친절 / 영감 / 지적인 / 기억 / 우아한 / 확신 / 풍부한 / 건강 / 힘 / 에너지 / 생명력 / 평정 / 사랑 / 창의력 / 삶 / 성공 / 행복 / 원천적인 / 목적 / 달성 / 지속

고객의 이기심에 주파수를 맞추는 한마디

'오존 사용량을 줄여 대기를 청정하게 하는 미용 제품'

한 프랜차이즈 미용실에서 미용 제품을 이렇게 소개했습니다. 친환경 업체라는 점을 강조하지만 요즘 친환경 업체가 아니라고 말하는 곳이 있나요? '그래서 어쩌라고?' 하는 시큰둥한 반응이 나올 수밖에요. 이 문장의 단어 몇 개만 살짝 바꿔 봅시다.

'오존 사용량을 줄여 모발이 건조해지는 것을 막아 주는 제품'

이 제품이 나에게 어떤 이득을 주는지 분명한 문장이 됐습니다. 사실 특정 기술이나 재료를 사용한다면 그 자체로 마케팅 포인트가 되기도 합니다. 실제로도 많은 광고가 사실에 초점을 맞추려 하지만 고객은 그런 것에 큰 관심이 없습니다. 고객 입장에서 그것이 좋은 이유를 설명하지 못하는 실수를 범하게 되죠. 고객은 당신이 자랑하고 싶은 놀라운 기술 그 자체보다 '그 기술이 나를 위해 해줄 수 있는 것'이 분명할 때 반응합니다.

"천연 항균 소재를 사용한 비데를 1년 내내 사용하세요."
"천연 항균 소재를 사용한 비데로 화장실 유해 세균을 99.9% 제거하세요."

두 문장 중 고객에게 주는 이득을 더 잘 설명한 한마디는 무엇일까요? 천연 항균 소재를 사용한 비데가 구체적으로 어떤 효과를 주는지 설명한 후자일 것입니다.

위협적이거나 즉각적이거나

아무리 좋고 훌륭한 제품이라도 고객 입장에서 '나를 위한 것이다'라는 생각이 들지 않으면 어떤 흥미나 반응도 끌어내기 어렵습니다.

고객의 니즈를 꿰뚫지 못하면 이런 대답이 돌아올 뿐입니다.

"내가 당신의 말을 들어서 얻는 게 뭔데?"

읽자마자 당장 사고 싶어지는 한마디를 쓰려면 어떻게 해야 할까요? 바로 내 고객의 주파수를 찾아야 합니다. 이들이 듣고 싶은 말은 무엇보다 '당신에게 이익을 준다', '당신의 손해를 막아 준다' 같은 메시지입니다. 그러므로 당신이 무엇을 팔든, 독자가 누구든 당신이 맞춰야 할 주파수는 이것입니다.

'위협적이거나 즉각적이거나.'

우리의 의사 결정을 관장하는 뇌는 공포, 분노, 손해를 느끼면 바로 반응합니다. 또한 쉽고 빠르고 근사한 것에도 곧장 반응합니다. 그래서 고객은 주로 '당신이 손해 볼지도 모른다', '이것만 따라 하면 쉽고 빠르게 목표를 이룬다'는 한마디에 시선을 빼앗기고 지갑을 엽니다. 독자의 흥미를 자극하고 관심을 유발하는 한마디를 만들려면 이런 뇌의 작용을 이해하고 써먹어야 합니다.

구매 욕구를 자극하는 표현

홈 쇼핑 방송을 보고 있으면 '저 물건을 당장 사지 않으면 후회할 것 같은' 느낌을 받습니다. 가장 훌륭한 판매는 고객이 잘 샀다고 생각하게 만드는 것입니다. 다음은 홈 쇼핑에서 고객을 유혹하는 표현들입니다.

- 단 한 번도 없었던
- 방송이 끝나면 원래 가격으로 돌아갑니다
- 행운을 축하드립니다
- 돈 벌어 가시는 겁니다
- 이런 기회 두 번 다시 없습니다
- 최저가 데이
- 역시즌 충격 세일
- 오늘까지만 할인

망설임을 구매로 바꾸는 표현

당신의 제품, 서비스, 아이디어에 관심을 갖는 고객이 구매까지 하게 만들려면 '자, 이제 구매하시죠' 하고 부추기는 방아쇠 한마디가 필요합니다.

- 딱 10개 남았습니다
- 놓치지 마세요
- 서두르세요
- 지금 바로
- 품절이 예상됩니다
- 매진이 임박하여 알려 드립니다
- 망설이면 늦어요
- 사이즈 비상입니다
- 지금 계약서를 작성하시겠습니까?

앞뒤 순서만 바꿔도 마음이 열린다

'곧 봄이 오지만 나는 볼 수 없습니다.'

1920년 뉴욕의 어느 광장에서 동냥을 하는 맹인이 써 놓은 글귀입니다. 아무도 동전을 던지지 않습니다. 이때 지나가던 행인이 문장의 순서를 바꿔 줍니다.

'나는 볼 수 없습니다. 곧 봄은 오는데.'

그러자 약속이나 한 듯 많은 이들이 동전을 주고 갑니다. 내용도

같고 단어도 다를 게 없습니다. 단지 순서만 바꿨을 뿐입니다. 보통 앞의 내용이 뒤에 나오는 내용보다 더 잘 생각나기 마련입니다. 그래서 강조하고 싶은 단어를 앞에 배치해야 메시지 전달 효과가 큽니다. 또한 단어에도 서열이 있습니다. 보통 모임에서는 귀빈일수록 늦게 등장하지만 문장에서는 중요한 단어가 맨 앞에 줄을 섭니다.

집중 키워드는 앞에, 가격과 기간은 뒤에

뇌는 문장을 파악할 때 각 낱말의 의미에만 의존하지 않습니다. 문맥과 순서에 따라 의미를 다르게 받아들입니다. 실제로 이를 입증한 연구 결과도 있습니다. 캘리포니아 대학교 심리학과 교수인 미렐라 다프리토의 실험에서는 문장을 보고 낱말 뜻과 문맥을 파악할 때 뇌의 각각 다른 부분에서 처리한다는 사실을 발견했습니다. 이 실험으로 어떤 단어를 선택했는지 못지않게 어떻게 배열했는가도 메시지 전달에 큰 영향을 미친다는 것을 알 수 있습니다.

이 논리를 바탕으로 메시지 전달 효과를 극대화하는 몇 가지 단어 배열법을 익힐 수 있습니다. 평가나 인상에 집중하고 싶다면 인물이나 주체를 앞에 두는 것이 좋습니다.

‘송 코치는 나에게 힘을 준다.’

반대로, 기억하게 만들거나 회상을 유도하고 싶다면 행위나 결과를 맨 앞에 두면 효과적입니다.

‘나에게 힘을 주는 송 코치다.’

그렇다면 가격은 어떨까요? 가격은 상품 뒤에 소개하는 것이 더 잘 먹힙니다.

A: 11,000원에 봄 속옷 5개 한 묶음
B: 봄 속옷 5개 한 묶음에 11,000원

실제로 A 문장보다 B 문장이 더 잘 어필된다고 합니다. 사람은 언제든 제일 먼저 소개된 정보에 관심이 집중되기 때문이라고 심리학자들은 말합니다. 같은 맥락으로 그간 이룬 성과를 어필할 때도 기간보다는 그 기간 동안 이룬 성과를 앞세우는 것이 훨씬 효과적입니다.

“저희 회사는 창업 후 10년이라는 짧은 시간 동안 업계 3위 자리를 차지했습니다."

→ "저희 회사는 업계 3위를 차지했습니다. 이는 불과 10년 만에 이룬 쾌거입니다."

"저희 학원에서는 2년 동안 25개 과목을 수강할 수 있습니다."

→ "저희 학원에서는 25개 과목을 2년 동안 수강할 수 있습니다."

비즈니스 현장에서 요구되는 글쓰기 제1법칙은 '결론부터'입니다. 단어를 배열할 때도 마찬가지입니다. 상대가 중요하게 여길 만한 것, 좋아할 만한 것을 먼저 내세웁니다.

"주문이 오기 전까지 함부로 칼을 쓰지 마라."

→ "함부로 칼을 쓰지 마라, 주문이 오기 전까지."

"벽을 눕히면 다리가 되는 것을 잊지 마라."

→ "잊지 마라, 벽을 눕히면 다리가 된다."

"텃밭 가꿔 본 사람은 늦여름 텃밭이 얼마나 심란한가를 안다."

→ "텃밭 가꿔 본 사람은 안다, 늦여름 텃밭이 얼마나 심란한가를."

어떤 메시지든 그것을 표현할 적절한 단어를 골라 배열하면 소비자들은 자극을 받아 구매합니다. 메시지의 순서를 잘 배열하는 법을 익힌다면 당신의 글도 판매 사원의 역할을 톡톡히 할 수 있습니다. 문장은 단어의 조합이자 배열이라는 점을 잊지 마세요.

팩트를 임팩트로 바꾸는 한마디

"친구들을 초대하세요."

데이트를 주선하는 애플리케이션 회사에서 홍보 문구를 만들었습니다. 하지만 반응이 시들하자 문구를 고칩니다.

"20명의 친구를 초대하고 다른 사람보다 먼저 검색되게 하세요."

그러자 반응이 좀 생깁니다. 여기서 좀 더 직관적으로 바꿔 봅니다.

"20명의 친구를 초대하고 더 많은 데이트 상대와 만나세요."

마지막으로 한 번 더 바꿉니다.

"20명의 친구를 초대하고 어떤 친구가 나를 좋아하는지 알아보세요."

이 회사는 마지막 문장 덕분에 매일 신규 사용자가 10만 명 이상 늘어났다고 합니다. 엄청난 돈을 들인 최첨단 마케팅 기술을 사용한 게 아닙니다. 돈 한 푼 들이지 않고 단지 표현을 바꿨을 뿐입니다. 홍보 문구 속 단어를 두어 개씩 바꾸면서 점점 더 좋은 반응을 얻었습니다. 평범했던 문구가 눈길을 사로잡는 한마디로 바뀌자 사용자의 마음도 바뀐 것입니다.

고객이 있는 곳에 혜택을 널리 알려라

이 회사가 거둔 성과의 비결이 궁금한가요? 바로 혜택에 초점을 맞춘 것입니다. 속성이나 특징이 아니라, 특징이 가져다줄 이득을 강조합니다. 상품의 특징은 단순히 그것이 '어떤 것인지'를 말해 주지만 혜택은 그것을 '선택해야 하는 이유'를 알려 줍니다. 소비자는 특징만으로 제품에 매력을 느끼지 않습니다. 그러한 특징이 자신에게 어떻게 좋은지를 모르기 때문입니다.

고객은 궁금합니다. "내가 이 제품을 사면 뭘 얻을 수 있지?"

당신은 이렇게 답해야 합니다. "이것을 가지면 ~한 이득을 얻게 됩니다."

특징보다 혜택을 알리는 기법으로 순식간에 대박 성공을 거둔 사례가 있습니다. 십수 년이 지났지만 지금도 회자되고 있는 애플의 한마디입니다.

"당신의 주머니에 1,000곡의 음악이 들어 있다."

아이팟을 소개하며 스티브 잡스가 던진 한마디입니다. 아이팟의 특징은 '5기가바이트 용량의 하드 드라이브'입니다. 주머니에 들어갈 정도로 작은 기계 장치에 1,000곡이 넘게 들어가는 넉넉한 용량을 멋진 한마디로 표현했습니다.

"컴퓨터의 능력을 주머니 속에!"

이것은 아이폰의 특징을 설명한 한마디입니다. 휴대 전화 하나로 음악 플레이어, 카메라, 이메일, 웹 브라우저 기능까지 이용할 수 있어 '컴퓨터의 능력'이라는 단어로 설명하죠. 전화기와 컴퓨터의 기능이 분리된 당시에는 휴대 전화를 컴퓨터처럼 이용할 수 있다는 것 자체가 혁명이었습니다.

제품, 서비스, 아이디어 자체보다는 그것을 사용할 사람을 언급하세요. 당신이 파는 것을 사용함으로써 고객의 삶이 얼마나 좋아지는지 쓰면 순식간에 고객을 사로잡을 것입니다.

새로운 것에 끌리는 본능을 자극하라

누구나 새로운 것을 보면 솔깃합니다. 당신의 제품, 아이디어가 전에 없던 새로운 것인가요? 그렇다면 본능을 자극하는 한마디를 쓰세요. '살까, 말까' 하는 망설임을 줄여 줍니다.

- ○○할 수 있는 기적의 신제품
- ○○ 출시! 지금까지 이런 상품은 없었다
- ○○! 이것은 혁명이다
- 놀라지 마세요, 세상에 없던 신제품

- 신상품! ○○○가 가능한 획기적인 기술
- 신혁명! 지금까지의 상식을 뒤엎는
- 전에 없던 새로운 기준, 오늘부터 ○○○를 쓰세요
- 긴급! 모르면 손해 보는 입시 지원 전략
- 경쟁자는 몰라야 할 매출 극대화를 위한 극비 정보
- 마침내 ○○에 관한 숨겨진 진실을 공개합니다
- 업계 최초로 ○○성능을 선보입니다
- 애플을 '혁신'이라는 단어 외에 '새로움', '변화'로 소개합니다

의심과 불안을 해소하는 한마디

특징이 아니라 혜택을 강조하면 고객의 마음이 열립니다. 하지만 고객의 지갑은 이중, 삼중으로 잠겨 있어 단번에 열리지 않습니다. 의심과 불안이라는 잠금장치 때문입니다. 요즘 고객들은 빨리 솔깃할수록 의심하고 불안을 느낍니다. 그러므로 짧게 쓴 찰진 한마디로 그들의 의심과 불안을 해소해야 합니다.

캘리포니아 산마르코스에서 이와 관련된 한 실험을 했습니다. 연구진은 '에어컨 대신 선풍기를 사용하여 에너지를 절약하자'는 메시지를 적고 그 뒤에 각각 다른 문장을 덧붙여 집집마다 나눠 걸었습니다.

'왜냐하면 지구를 보호해야 하기 때문이다.'

'왜냐하면 좋은 시민이 될 수 있기 때문이다.'

'왜냐하면 매달 54달러씩 절약할 수 있기 때문이다.'

'왜냐하면 당신 이웃의 77%가 이미 에어컨을 끄고 있기 때문이다.'

과연 어느 문패를 단 집에서 에어컨을 끄고 선풍기를 가장 많이 켰을까요? 바로 마지막 문패를 건 집이었습니다. 이웃보다 전기를 많이 쓰기 싫다는 생각 때문이라는 것이 연구진의 설명입니다. 결국 에너지 절약을 행동으로 이끌어 낸 한마디는 이것입니다.

"당신은 옆집보다 에너지를 더 쓰네요."

오파워는 에너지를 절약하는 방법을 서비스하는 회사입니다. 이 회사는 자사 서비스를 이용하면 전기, 가스를 아껴 쓸 수 있다고 고객을 설득하려 합니다. 그 근거로 환경을 보호하자는 대의명분을 앞세울지, 에너지 비용을 절감할 수 있다는 금전적 이득을 제시할지 고민이 많습니다. 하지만 두 방법 다 효과가 없었고 오파워는 특단의 아이디어가 필요했습니다.

마침 산마르코스의 실험 결과를 접한 오파워는 '옆집과 비교하게 만들기' 기법을 사용합니다. 그 결과, 이웃보다 에너지를 더 많이 쓴다고 알리는 것만으로 고객의 72%가 에너지를 절약했습니다. 고객이 긴가민가할 때 이미 효과를 본 다른 고객을 예로 들면 의구심이 싹 사라지는 것입니다.

다른 사람들이 얼마나 많이 샀는지, 다른 이들은 어떻게 경험했는지 보여 주는 것만으로 구매 욕구를 자극할 수 있습니다. 다음은 망설이는 고객도 사게 만드는 보증형 단어를 소개합니다.

점장이 추천하는 / 연예인 ○○도 사용하는 / 전 직원이 애용하는 / 아직 ○○를 모르십니까? / 10만 개 판매 돌파 / 써 본 사람이 반드시 다시 찾는 / 재구매율 90%의 신제품

의심을 간파하라

다이슨 선풍기는 날개가 없습니다. 그러니 어린아이가 있는 집에서도 안전하게 사용할 수 있고 날개에 먼지가 앉지 않으니 위생적입니다. 이런 장점에도 불구하고 '바람을 일으키는 날개가 없는데 정말 시원할까?' 하는 의구심도 듭니다. 이런 의심을 품은 고객

은 선뜻 구매 버튼을 누르지 못할 것입니다. 다이슨은 이들의 속마음을 간파한 한마디를 만들었습니다.

"날개가 없지만 바람을 15배나 증폭시켜 배출하여 시원하다!"

여기 아주 밝고 편리한 신제품 형광등이 나왔습니다. 간편한 리모컨 조작으로 7단계 밝기 조절이 가능하며 수명은 기존의 등에 비해 무려 2배나 됩니다. 당신은 이 형광등을 사시겠습니까? 많은 이들이 이 설명을 읽고 '전기료가 많이 들겠다'며 우려했습니다. 그러자 형광등 판매 측은 이 한마디로 모든 의심을 날렸습니다.

"수명은 2배 늘리고 전기료는 '절반'으로 낮춘 LED 형광등!"

욕망을 자극하는 한마디

살다 보면 궁금한 게 참 많습니다. 성공한 사람들은 무엇을 하는지, 행복한 가정은 어떤 노력을 하는지, 100살까지 건강한 사람들은 어떤 운동을 하는지. 이런 궁금증을 파헤쳐 보면 '나도 그렇게 되고 싶다'는 마음에 도달합니다. 이런 고객의 속마음을 자극하면 단번에 먹히는 한마디를 쓸 수 있습니다.

'세계 최고의 인재들은 어떻게 기본을 실천할까?'

'글 잘 쓰는 사람들이 반드시 지키는 이것은?'

이처럼 '~하는 사람들'이라는 표현만 사용해도 고객은 흥미를 느낍니다.

"당신에게 이렇게 얇은 아이폰이 없다는 건 어떤 보조개도, 어떤 주름도, 어떤 글자도, 어떤 단어도, 트위터도, 앨범도, 그림, 추억까지도 전부 다 훨씬 아름답게 볼 수 없다는 이야기."

애플의 광고는 늘 이런 식입니다. '당신이 아직 애플 제품을 갖지 않았다면 대단한 뭔가를 놓친 것'이라며 약을 올립니다. 나아가 애플 제품을 사용하는 다른 이들은 아주 근사하고 특별한 경험을 하고 있다고 애를 태웁니다.

"진정으로 놀라운 것은 맥북 프로를 만난 당신의 가능성."

맥북 프로를 사기만 하면 나도 애플의 상징처럼 남다른 창의력을 발휘할 것 같습니다. 이렇게 아무 저항도 못 하고 지갑을 여는 한마디의 비밀은 바로 '소속 욕구'를 자극하는 것입니다. 사람은 누구나 이상적인 집단에 소속되고 싶어 합니다. 특정 집단이 사용하는 제품이나 서비스를 사용해서 그에 준하는 인정을 받고 싶어 합니다. '당신은 지금 남들만큼 하지 않고 있다', '무엇을 놓치고 있는지 선택하라'고 말하면 당장 클릭하고 싶은 게 사람의 마음이죠.

말보다 속내 겨냥하기

사람은 말과 속내가 다릅니다. 말과 다른 은밀한 속내를 간파하면 독자의 지갑은 빨리 열립니다. 레인골드 브루어리 맥주는 세계 최초로 다이어트 맥주를 출시했습니다. 다이어트에 민감한 여성들을 대상으로 대대적인 출시 마케팅을 벌였으나 결과는 참패입니다. 다이어트를 하는 사람이라도 맥주를 마시는 순간만큼은 다이어트를 생각하고 싶지 않다는 속마음을 간과한 결과였습니다. 참패의 이유를 파악한 레인골드 브루어리 맥주 측은 '다이어트'라는 키워드를 버리고 새로운 한마디를 만들어 냅니다.

'덜 배부른 저칼로리 맥주'

그러자 이번에는 크게 성공했습니다. 배가 덜 부르다는 표현이 다이어트에 민감한 여성들에게 아주 반갑게 다가온 것입니다.

한 시리얼 브랜드에서 주부를 대상으로 한 신제품을 출시했습니다. 그러나 예상보다 형편없는 매출에 고민이 많습니다. '시리얼로는 배가 부르지 않다', '맛이 없다' 등의 문제를 도출했지만 진짜 원인은 다른 곳에 있었습니다. 바로 주부들의 속마음이 기대와 달랐기 때문입니다.

'시리얼을 아침 식사로 주면 게으른 엄마라고 생각하지 않을까?'

이런 인식이 주부들의 구매를 가로막고 있었습니다. 이에 브랜드는 시리얼이 다른 아침 식사보다 영양 면에서 월등하다고 강조했습니다. 그리고 '시리얼을 가족에게 권하는 똑똑한 엄마'라는 한마디를 걸고 어필하자 매출이 하루아침에 올랐습니다.

이처럼 고객의 속내를 자극하면 단숨에 구매로 이어집니다. 다음은 속내를 자극해서 보는 순간 사게 만드는 7가지 단어 사용법을 소개합니다.

- 왜
  페이스북 '좋아요'는 많은데 왜 매출은 그대로일까?

- 도대체
  놀기 좋아하는 친구 아들, 도대체 어떻게 서울대 갔을까?

- 어째서

  잘 나가는 직장인은 어째서 글을 잘 쓸까?

- 어떻게

  세계를 움직이는 리더는 어떻게 공감을 얻는가?

- 비결

  대중 앞에서 말을 잘하는 비결은 무엇일까?

- 기적

  하루 10분, 입이 트이는 기적의 독학 중국어

- 비밀

  당신이 속고 있는 28가지 재테크의 비밀

나 말고
상대방이 듣고 싶은 한마디

당신은 지금 미인 대회 현장에 있습니다. 이 대회는 1등에게 투표한 관객에게도 상금을 나눠 줍니다. 당신이 상금을 갖고 싶다면 누구에게 투표해야 할까요? 내 눈에 미인인 사람이 아니라 많은 사람이 미인이라고 여길 만한 사람에게 투표해야겠죠. 한마디 쓰기도 마찬가지입니다. 쓰는 사람이 아니라 읽는 사람의 구미에 맞아야 소비자의 마음을 유혹하는 잘 쓴 한마디가 탄생합니다.

'40~70대 갱년기 전후 여성을 위한 맞춤 건강 정보'

이런 제목의 메일이 왔다면 어떨까요? 과연 40대부터 70대 여성을 뭉뚱그려 묶는 게 가능한 일일까요? 30년 차이면 세대가 완연히 다른데 말입니다. 이 메일 제목은 판매자의 입맛에만 맞는 표현입니다. 제대로 하는 기업은 고객을 딱 한 명씩 파악합니다.

'48살, 생리에 변화가 생긴 당신이 꼭 알아야 할 건강 정보'

듣고 싶은 말이어야 듣는다

은행을 찾은 90대 할머니에게 '수익'을 설명해야 합니다. 어떻게 하면 좋을까요? 투자의 귀재 워런 버핏 회장은 이렇게 설명합니다.

"100달러를 주시면 1년 후에 107달러를 돌려드릴게요."

보통 할머니들에게 수익, 수익률, 금리라는 표현은 어렵게 느껴집니다. 할머니의 관심은 '내 돈을 얼마나 불려 줄까?'입니다. 그러므로 할머니가 이해하기 쉬운 단어로 이야기해야 합니다.

마케팅 글쓰기를 할 땐 당신에게 익숙한 전문 용어를 피하는 게 좋습니다. 그 대신 고객의 머릿속에 있고 고객이 늘 사용하는 단어로 바꾸세요. 고객이 속한 직업이나 환경에서 쓰는 말로 바꾸세요.

그러면 같은 의미라도 고객은 더욱 빨리 알아채고 당신의 상품을 구매할 확률이 높아집니다.

중요한 것은 내가 쓴 한마디가 상대에게 어떤 의미로 전달되는지 파악하는 것입니다. 내 단어가 아니라 소비자가 좋아하는 단어를 사용하세요. 평소 그 사람의 머릿속을 채운 단어라면 더 잘 설득할 수 있습니다.

당신이 강조하고 싶은 것이 '저렴한 가격'이라면 '가성비 높은 합리적인 가격'이라고 표현할 수 있습니다. 당신이 '비용을 지출하세요'라고 표현하고 싶다면 '돈을 투자하세요'라고 바꿀 수 있습니다. 팔리는 문장은 판매자의 머릿속이 아니라 소비자의 머릿속에서 나와야 합니다. 이렇게 자기가 원하는 말을 발견한 소비자는 홀린 듯 당신의 한마디에 빠져들 것입니다.

누구나 솔깃, 개인의 이익을 약속하는 단어

남다른 가치와 대의명분도 좋지만 고객을 움직이는 구매 동기는 자신에게 이익이 되는 가치가 최고입니다. 구매 본능을 자극하는 개인적인 이익과 관련된 단어들을 소개합니다.

- 성공을 상징하는 단어

훌륭한 / 뛰어난 / 탁월한 / 우수한 / 우량한 / 속도 / 새로운 / 진귀한 / 출세의 / 승진한 / 독창성 / 진품 / 브랜드 / 상품 / 번영 / 퍼포먼스 / 능률 / 노하우 / 효율성 / 경험 / 능력 / 지식 / 전문성 / 성공 / 존경 / 용감함 / 위신 / 체면 / 스타일 / 우아함 / 사회적 지위 / 힘 / 권위 / 지배 / 영향 / 돈

- 건강과 활력을 상징하는 단어

건강한 / 강건한 / 오래 사는 / 힘 있는 / 정력적인 / 활력 / 에너지 / 활발한 / 튼튼한 / 탄탄한 / 무병장수 / 노익장 / 정정한

- 아름다움과 관련된 단어

아름다운 / 날씬한 / 매력 / 센스 / 세련 / 젊은 / 스마트한 / 훤칠한 / 출중한 / 늘씬한

- 인정과 존중을 드러내는 단어

인정받는 / 사랑받는 / 젊음 / 열정 / 동정 / 친밀 / 사랑 / 우정 / 연애 / 존경 / 배려 / 공감 / 자랑스러운 / 감사한 / 사랑스러운 / 존경받는 / 달래는 / 힐링 / 지지 / 응원 / 칭찬 / 친애하는

- 안전하고 행복한 느낌을 주는 단어

  안전 / 보호 / 행복한 / 쾌적한 / 편안한 / 기쁜 / 즐거운 / 유쾌한 / 깨끗한 / 맑은 / 신선한 / 자연친화적 / 친환경 / 자신감 / 확신 / 만족 / 편리 / 휴식 / 휴양 / 창의력 / 친절 / 친밀함 / 우정 / 안정 / 신뢰 / 고귀한 / 고상한 / 우아한 / 세련된 / 고급스러운 / 가벼운 / 부드러운 / 복지의

- 열정을 표현하는 단어

  적극성 / 열성 / 신중 / 열렬 / 현대적 / 진보적 / 전통적 / 오리지널 / 인기 / 즐거움 / 활력 / 열광 / 에너지 / 힘 / 모험 / 탈출 / 자유 / 자유로움 / 바꾸는 / 개조하는 / 혁신하는 / 진화하는

- 잘 샀다는 증거 단어

  지금 / 바로 / 가능한 / 시간을 줄이는 / 빠른 / 절감 / 절약 / 검소 / 소박 / 소소한 / 보증 / 더 나은 질 / 선택 / 편익 / 간단 / 견고함 / 필수적인 / 반드시 필요한 / 가격에 맞는 품질 / 경제성 / 저축 / 영양 / 훌륭한 맛 / 다이어트 / 살찌지 않는

오감을 자극하는 생생한 한마디

피자는 토핑에 따라 맛이 달라집니다. 아이스크림도, 빙수도 토핑에 따라 맛과 기분이 달라집니다. 우리 제품과 서비스가 SNS에서 빠르게 소문나려면 사진발 잘 받는 토핑이 필수입니다. 식감을 자극하는 토핑이 따로 있듯이 한마디에도 뇌의 감을 확 끌어올리는 토핑이 필요합니다. 수식어 기능을 하는 부사와 형용사가 그것입니다.

'엑스레이 비전 당근, 멋쟁이 강낭콩'

누구나 당근을 당근이라 부르고 강낭콩을 강낭콩이라 부릅니다. 그런데 미국 코넬 대학의 음식과 브랜드 연구소에서 뉴욕 인근 학생 1,552명을 대상으로 실험한 결과, 이렇게 이름을 바꿔서 부르자 당근과 강낭콩의 소비량이 99%나 증가했다고 합니다. 토핑으로 올린 단어가 상품을 더욱 특별하게 만든 것이죠.

토핑 효과는 홈 쇼핑의 홈페이지에서 쉽게 찾아볼 수 있습니다. 가령 색상에도 토핑을 얹어 고유함을 자랑하는데, 패션 브랜드 '베라왕'은 코트의 검은 색상을 '베라 블랙'으로 표현합니다.

이처럼 단어 하나도 세심하게 표현하는 수많은 홈 쇼핑, 인터넷 쇼핑몰, 브랜드는 토핑 효과를 비롯해 전반적인 한마디 사용법을 배울 수 있는 현장입니다.

오감으로 느끼는 생생한 착각, 시즐하기

마케팅 글쓰기를 잘하는 사람들에게는 뭔가 다른 특별함이 있습니다. 이 특별함을 '영업 비밀'이라고 표현하면 더욱 호기심을 자극합니다. 이런 기법이 바로 '시즐하기'입니다. 시즐(Sizzle)은 원래 스테이크를 구울 때 나는 '지글지글' 소리를 뜻하는 영단어입니다. 광고업계에서 '식욕을 일으키는 판매 전략'으로 활용했고, 이후 제품의 여러 특징 중 고객에게 가장 잘 어필할 수 있는 포인트를 잡아내는 능력이라는 의미로 '시즐맨십(Sizzlemanship)'이라는 말까지 등장했습니다.

맥주 거품이 잔에 흘러넘치는 것을 보면 마시고 싶어집니다. 레스토랑 입구부터 스테이크 굽는 소리가 지글대면 당장 먹고 싶어집니다. 이처럼 시즐하기는 구매자들이 원하는 것을 단번에 잡아내 자극하는 방법입니다.

음식이 아니어도 얼마든지 시즐하기를 구사할 수 있습니다. 팔려는 것이 자동차라면 사회적 지위나 안전에 대한 욕구를 자극하여 구매를 끌어낼 수 있습니다. 유수한 신입생을 유치하려는 대학이라면 장래에 대한 비전이나 가치로 마음을 움직일 수 있습니다.

"저희 음식점은 정통 가정식 레스토랑입니다."

'정통하다'는 게 무슨 뜻일까요? '가정식'은 어떤 의미일까요? 누구나 동원할 수 있는 식상한 표현입니다. 이렇게 바꿔 봅니다.

"매일 갓 구운 식전 빵으로 식욕을 돋우고, 밭에서 갓 딴 루꼴라로 샐러드를 만듭니다. 불맛을 낸 직화 구이 스테이크로 엄마가 차려 준 어린 시절의 저녁 식탁을 만나 보세요."

머릿속에 선명한 이미지를 그려서 구매 욕구를 한층 더 자극합니다. 음식 맛이 손맛이라면 글맛은 단어 맛입니다. 단어 몇 개로 귀에 들리고, 눈에 보이고, 냄새가 느껴지고, 손으로 만져지는 듯 실감나게 표현할 수 있습니다. 이것이 바로 시즐하기의 기술입니다. SNS 위주의 캐주얼한 소통이 대세인 시대에서는 상대의 오감을 낚아채 순식간에 집중하도록 만드는 것이 무엇보다 중요합니다. 시즐하기는 이런 소통 방식에 특화됐습니다.

사람들의 주의력과 집중력이 점점 약해지고 있습니다. 흔한 표현보다는 전에 없던 생생하고 두드러진 표현을 사용해야 빠른 반응을 끌어낼 수 있습니다. 이목을 집중시키고 핵심 가치를 생생하게 전달하는 시즐하기 기법을 활용하기 바랍니다.

판매를 좌우하는 꼬리표 한마디

유튜브 '뒷광고' 논란으로 소비자들의 원성이 하늘을 찌릅니다. '내 돈으로 사서 직접 읽고 추천한다'는 콘셉트로 책을 소개하는 스타 북튜버가 광고 표기를 숨기고 뒤에서 광고비를 챙겼다는 사실이 드러나자 구독자들은 이렇게 말합니다.

"광고인 줄 알았으면 책 안 샀지."

뇌는 고약한 구두쇠입니다. 생각하기를 죽기보다 싫어합니다. 생각에 인색한 뇌는 어떤 책을 고를까 고민하기보다 남들이 많이 본 책이면 실패를 면할 것이라고 생각하며 결정하곤 합니다. 특히 책을 잘 아는 사람이 믿고 추천하면 좋은 책일 것이라고 빠르게 계산합니다. 서점에 '관심 도서', '이달의 추천 도서', 'MD가 추천하는 책' 같은 한마디가 넘쳐 나는 것도 이런 이유에서입니다. 이 한마디를 '꼬리표' 또는 '낙인'이라고 합니다.

꼬리표 단어가 문장을 지배한다

한 제과점에서 당근 케이크를 출시했습니다. 두 곳에 진열하고 각각 다른 홍보 문구를 씁니다.

A: 금방 간 당근과 햇빛에 잘 마른 씨 없는 건포도, 고소한 피칸, 상큼한 향료와 갓 낳은 달걀로 만든 저지방 당근 케이크입니다. 100그램당 370칼로리의 유기농 당근 케이크. 당신의 건강에 더 유익한 선택을 하세요.

B: 미각을 유혹하는 당근 케이크를 넉넉하게 한 조각 잘라 드세요. 흑설탕, 달걀, 피칸을 넣고 부드러운 치즈와 곱게 간 설탕을 뿌려 얄미울 정도로 맛있어요. 100그램당 370칼로리의 달콤하고 뿌리칠 수 없는 맛.

당신은 어느 쪽 표현을 택했습니까? A 문장은 '저지방 당근 케이크'라고 표현했고, B 문장은 맛에 초점을 맞췄습니다. 이 실험에서 사람들은 A를 훨씬 많이 선택했습니다. 두 문구 모두 '100그램당 370칼로리'라고 직접적으로 언급했음에도 A 문장의 '저지방'이라는 확실한 꼬리표가 확실한 영향력을 발휘한 결과입니다.

문장은 단어 하나가 좌우합니다. 꼬리가 몸통을 지배하는 격입니다. 특정한 단어를 골라 문장을 만들면 고객은 자신도 모르게 영향을 받습니다. 광고 모델로 연예인을 쓰는 것도 전부 꼬리표 효과를 노려서입니다. 광고인 줄 알면서도 연예인을 향한 동경이 지갑을 열게 합니다.

당신이 쓰려는 한마디에 꼬리표 효과를 발휘할 단어를 넣어 봅시다. '자연산', '명품', '웰빙', '수제품', '프리미엄', '100%', '골드', '국산', '우리 쌀' 같은 단어는 제품의 가치와는 별개로 심리적 만족감을 주면서 꼬리표 효과를 발휘합니다.

'땅끝 해남 청정 해역의 깨끗한 황토가 키운 쌀'

'청정', '깨끗한', '황토'라는 단어에 마음이 기웁니다.

'19번 실패 끝에 탄생한 즉석 밥'

제품 개발 과정의 노력을 강조하는 방법도 제품을 더욱 높게 평가하게 만드는 일종의 꼬리표 효과입니다.

원하는 반응을 끌어내는 방아쇠 한마디

마케팅을 하는 이유는 내 고객이 내가 의도한 방향대로 행동하게 만들기 위해서입니다. 이를 마케팅 용어로 CTA(Call To Action)라고 합니다. 온라인에는 CTA 장치가 참으로 다양합니다. 하지만 궁극적으로 CTA 버튼은 글쓰기로 만들 수 있고 그 핵심은 '단어'입니다. 즉, 단어를 잘 고르면 내가 원하는 반응을 끌어내는 일이 아주 수월해집니다. 이런 기능을 하는 단어를 '방아쇠 단어'라고 합니다. 지금부터 CTA를 부르는 방아쇠 단어 사용법을 알려 드리겠습니다.

① 동사로 표현하라

방아쇠 역할을 맡기기 좋은 단어는 동사입니다. 명사는 쓰기 쉽지만 방아쇠 역할을 하지 못합니다. 글을 쓰다 보면 동사나 형용사를 명사로 바꿔 쓰는데 이것을 '명사화'라고 합니다. 보통 한자어에 '이다', '하다'를 붙여 쓰며, 어렵고 지루한 느낌을 줍니다. 명사를 동사로 바꾸면 독자도 역동적으로 반응합니다.

'구글하다'

'커피합니다'

검색 사이트 '구글'에 '하다'를 붙이고, 한 오프라인 카페에서 '커피'에 '합니다'를 붙이자 역동적인 느낌이 더해졌습니다.

소셜 미디어 전문가 댄 자렐라가 트위터 20만 개를 분석한 결과, 명사보다 동사를 많이 사용한 글이 훨씬 많이 클릭되는 것을 알 수 있습니다. 그중에서도 주목도가 가장 높은 헤드라인은 '명령형'입니다. 명령형은 고객으로 하여금 무엇을 어떻게 하면 어떤 결과가 나올 수 있다는 제안과 약속을 분명히 하기 때문에 마음을 자극합니다.

다음은 요청하고 명령하는 '명령형' 단어들입니다.

가라 / 가져라 / 고려하라 / 골라라 / 공유하라 / 관심을 가져라 / 글을 써라 / 기피하라 / 깨달아라 / 끊어라 / 내려놔라 / 놀아라 / 느껴라 / 도와라 / 들어가라 / 들어라 / 마셔라 / 만나라 / 맞서라 / 모아라 / 바꿔라 / 받아들여라 / 받아라 / 발송하라 / 발행하라 / 배워라 / 보내라 / 보존하라 / 봐라 / 불러라 / 사라 / 사랑하라 / 사용하라 / 사지 마라 / 설득하라 / 소유하라 / 숙달하라 / 써라 / 알아라 / 약속하라 / 연습하라 / 오라 / 요구하라 / 이익을 얻어라 / 읽어라 / 재촉하라 / 절약하라 / 제안하라 / 조직하라 / 주목하라 / 주문하라 / 즐겨라 / 참가하라 / 참여하라 / 찾아라 / 취하라 / 택하라 / 포스팅하라 / 표현하라 / 피하라 / 피해를 줄여라 / 하라 / 하지 마라 / 훈련하라

② 지침으로 표현하라

요구하는 바가 있다면 선언보다 지침으로 표현합니다. '1번 찍지 말자'고 말하는 것보다 '2번 찍어라'라고 구체적인 행동 지침을 제시하면 원하는 것을 끌어내기 쉽습니다.

'아침 식사는 매우 중요하다'가 선언이라면 '아무리 바빠도 아침은 꼭 먹어라'는 지침입니다. '글쓰기에 있어 단어는 매우 중요하다'

가 선언이라면 '글을 쓸 때 단어를 엄격하게 선택하라'는 지침입니다. 선언만으로는 CTA를 끌어내기 어렵습니다. 선언에 그치지 말고 지침을 제시하는 표현을 사용합시다. 지침형 동사를 사용해서 특정한 행동을 분명하게 요청하세요.

③ 호기심을 자극하라

'비밀'

'노하우'

'비결'

'트릭'

'팁'

이런 단어들은 독자로 하여금 그 속을 들여다보고 싶게 만드는 대표적인 방아쇠 단어들입니다. 방아쇠 단어의 지존은 호기심을 자극하는 단어라는 사실을 잊지 마세요.

④ 시간을 압박하라

'오늘 방송 중에만 사은품을 드립니다'

'방송이 끝나면 원래 가격으로 돌아갑니다'

'마감 임박, 연휴 특가 여행!'

홈 쇼핑에서 자주 쓰는 방아쇠 단어입니다. 이런 단어를 접하면 뇌는 쫓기는 모드로 돌변하여 행동을 서두릅니다. 긴급하다는 것은 시간이 얼마 없다는 의미죠? 시간과 관련된 단어는 내가 원하는 행동을 끌어내는 방아쇠로 작용합니다.

온라인 생태계에서 클릭 없이는 기회도 없습니다. '다음'이 없습니다. 클릭과 구매를 유도하는 방아쇠 단어를 쓸 줄 모르면 어떤 기회도 얻을 수 없다는 뜻입니다. 정보만 전달하고 바라는 행동을 끌어내는 데 실패한 마케팅은 헛일일 뿐입니다. 보고, 클릭하고, 사게 만드는 방아쇠 한마디로 마케팅 성공률을 높이세요.

묻지도 따지지도 않고 사게 만드는 FABE 공식

"내가 왜 이걸 사야 하지?"

그저 사 달라고 간청하는 사람, 제품, 서비스를 본 고객이 갖는 궁금증입니다. 반드시 사게 만드는 마케팅 글쓰기의 핵심은 바로 이 질문에 똑 부러지게 대답하는 것입니다. 왜 우리 제품과 서비스를 사야 하는지, 사게 되면 어떤 보상을 얻는지 강조하세요. '이것을 사면 ~하게 될 것'이라고 거절할 수 없는 제안을 하는 겁니다.

지금부터는 파브(FAB) 공식을 활용한 제안을 소개합니다. 이 공식대로 메시지를 정리하면 필요한 순간 즉석에서 짧고 찰진 한마디가 만들어집니다.

F는 특성(Feature)입니다. 제품이나 서비스의 속성과 특징을 콕 집어 알려 줍니다. A는 장점(Advantage)입니다. 제품, 서비스의 속성과 특징의 좋은 점을 강조합니다. 마지막으로 B는 혜택(Benefit)입니다. 이 제품을 사용해서 고객이 얻을 수 있는 이익을 어필합니다.

FAB는 '아주 멋진, 기막히게 좋은'이라는 뜻을 가진 영단어 'fab'와 이니셜이 같으므로 '기막히게 잘 팔리는 글쓰기 공식'으로 외우면 좋습니다.

살 수밖에 없는 이유를 더해라

- F(Feature): 당신의 제품은 무엇에 관한 것인가?
- A(Advantage): 당신의 제품은 어떤 특장점을 자랑하는가?
- B(Benefit): 당신의 제품은 구체적으로 어떤 가치를 제공하는가?

이것으로도 훌륭한 제안이지만 여기에 근거(Evidence)를 제시하면 사지 않을 수 없는 강력한 명분이 더해집니다.

- E(Evidence): 당신의 제품의 FAB를 어떻게 증명할 것인가?

제가 쓴《150년 하버드 글쓰기 비법》이라는 책을 이 공식에 대입해 보면 이렇습니다.

- F: 이 책은 하버드 대학이 150년 동안 가르친 논리적 글쓰기 비법을 다룹니다.
- A: 이 책은 핵심을 빠르게 전달하여 원하는 반응을 빠르게 얻는 데 필요한 논리적 사고와 글쓰기를 알려 줍니다.
- B: 이 책은 급증하는 비대면 환경에서 신속하고 정확하게 소통하는 능력을 발휘하게 도와줍니다.
- E: 하버드를 비롯한 세계적인 대학교들과 맥킨지 앤 컴퍼니 같은 세계적인 컨설팅 기업들도 논리적 사고력과 글쓰기를 최고의 가치로 여깁니다.

FAB 공식으로 제품과 서비스를 설명하면 고객의 이익에 초점을 맞출 수 있습니다. 여기에 근거를 더한 FABE 공식을 쓰면 고객의 마음은 더 빨리 움직입니다. 이 공식으로 강력한 밑그림을 만들어 두면 0.1초 만에 클릭하는 한마디를 만들 수 있습니다.

카피라이터 대부가 알려 주는 잘 팔리는 한마디

데이비드 오길비는 카피라이터들이 대부로 모시는 고수입니다. 그가 자신의 책에서 소개한 '헤드라인을 가장 효과적으로 쓰는 방법'을 활용해 보세요.

1. 소비자에게 이익을 약속한다.
2. 뉴스를 담는다.
3. '만족시켜 드립니다', '소개합니다', '이제', '드디어'로 시작하라.
4. 헤드라인에 반드시 브랜드명을 넣어라.
5. 특정 계층의 사람들에게 팔 물건이라면 '35세 이상의 여성' 같은 문구를 넣어라.
6. 헤드라인은 짧게, 그러나 필요한 만큼 길게.
7. 구체적인 수치를 밝혀라.
8. 헤드라인 속에 인용 부호를 넣어라.
9. 지방 매체일 경우에는 그 지역 명칭을 꼭 넣어라.

TIP

한마디가 저절로 나오는 고객 사용 설명서 만들기

고객을 특정하고 그에 대해 생각하고 고민할 땐 조지 버나드 쇼의 말을 기억하세요.

"합리적으로 행동하는 유일한 인간은 내 재단사다. 나를 볼 때마다 매번 치수를 새롭게 잰다."

그의 말마따나 고객은 시시각각 변합니다. 어쩌면 한여름철 고등어의 신선도처럼 아침저녁으로 바뀔지도 모릅니다. 그러니 고객의 구미에 맞는 한마디도 매 상황마다 적절하고 확실하게 바뀌어야 합니다.

당신의 고객은 누구인가요? 당신의 고객은 어떤 사람인가요? 고객을 잘 알수록 끌리고 혹하는 한마디 쓰기가 쉬워집니다. 지금부터 고객을 정의하는 법부터 여러 질문들까지 당신의 고객을 파악하는 5가지 방법을 소개합니다.

① 올바른 고객을 선정하기

먼저 당신의 제품을 사 줄 '올바른' 고객을 선정하세요. 출산으로 늘어난 뱃살을 빼 주는 다이어트 상품을 판다면 '출산하지 않은 여성'은 올바른 고객이 아닙니다. 내 한마디를 접할 사람이 내 제품과 콘텐츠를 살 만한 사람인가요? 그렇다면 그들이 무엇을 왜 원하는지 파고드세요.

② 고객을 한 사람씩 파악하기

당신의 고객을 한두 마디로 정의하고 고객 딱 1명의 프로필을 만들어 보세요. 고객을 콕 집어 특정하고 그들의 필요, 욕구, 은밀한 속내까지 파악하고 정리합니다. 이 작업만으로도 내 고객을 통찰할 수 있습니다. 이런 통찰이 남다른 한마디의 단서가 되고 고객의 마음을 움직일 강력한 방아쇠를 만들 수 있습니다.

③ 고객을 파악하는 질문 던지기

고객을 파악할 땐 다음 질문들을 던져 보세요.

- 당신의 제품을 사는 사람은 누구인가?
- 그들이 당신의 제품이 필요한 이유는 무엇인가?
- 그들은 어떤 문제를 해결하기 위해 당신의 제품을 사는가?

- 그들은 곤란한 문제가 생겼을 때 어떤 방식으로 해결하려 하는가?
- 그들이 자주 사용하는 단어와 말투는 무엇인가?

④ 내가 파는 것과의 연관성 밝히기

- 내가 팔려는 제품은 어떤 고객의 어떤 문제를 해결해 줄 수 있는가?
- 내가 팔려는 제품은 고객의 어떤 문제를 피하게 해 주는가?
- 내가 팔려는 제품이 고객에게 주는 이득은 무엇인가?
- 내가 팔려는 제품이 효과적이라는 근거는 무엇인가?
- 내가 팔려는 제품이 경쟁사 제품과 어떤 차이가 있는가?
- 이 모든 것을 입증할 자료는 어떤 것이 있는가?

⑤ 고객의 핵심 속내 파악하고 응답하기

다음은 고객의 속내를 파악하는 질문들입니다.

- 내가 팔려는 제품과 관련해서 그들이 기대하는 것은 무엇인가?
- 내가 팔려는 제품과 관련해서 그들이 염려하는 것은 무엇인가?
- 내가 팔려는 제품과 관련해서 그들이 갖는 생각, 선입견은 무엇인가?

고객의 속내에 맞춰 내가 팔려는 제품의 응답을 마련합니다.

- 내가 파는 제품은 고객의 기대를 어떻게 충족시키는가?
- 내가 파는 제품은 그들의 염려와 불안을 어떻게 달래는가?
- 내가 파는 제품은 고객의 선입견을 어떻게 넘어서는가?

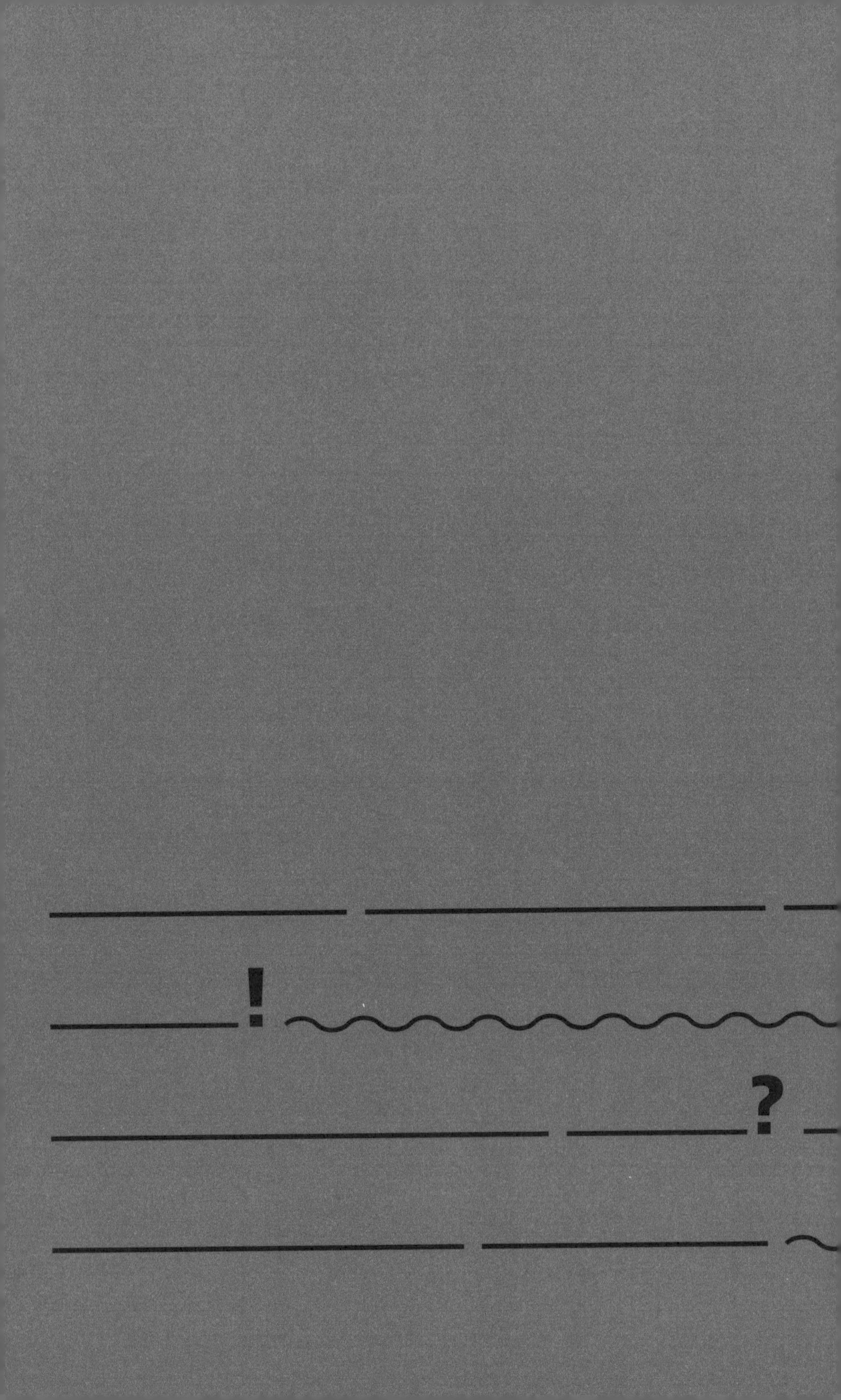

4장

Viral

저절로 입소문 나는 문장의 비밀

SNS 평판은 어떻게 좋아질까?

___ ___________?

_____, _______.

_____ _____ ________

~~~ _______.
~~~

댓글 잘 쓰는 음식점이 장사도 잘된다

경기도 일산에서 족발과 보쌈 전문점을 운영하는 한 사장님의 일과는 마지막 손님이 식사를 마친 후에도 끝나지 않습니다. 바로 '댓글 달기'라는 일이 남았기 때문입니다. 이제는 매장 고객뿐 아니라 코로나19 사태 이후 급증한 '배달의 민족', '요기요' 같은 배달 앱으로 주문한 고객도 중요한 관리 대상입니다.

배달 고객이 음식을 평가한 후기 글을 남기면 사장님은 일일이 댓글을 씁니다. 똑같은 내용을 복사, 붙여 쓰지 않고 고객의 글에 하나하나 맞춰 씁니다. 그렇지 않으면 형식적이라는 불만을 듣고, 불만이 쌓이면 매출이 줄기 때문이죠. 맛집의 이모저모를 홍보하는 블로그에 고객들이 남긴 글과 댓글을 찾아 필담을 나누는 일 또한 한 사장님이 해야 할 중요한 업무입니다.

댓글을 쓰며 고객과 소통하는 일은 이제 외식 사업에서도 잔업이 아닌 본업이 됐습니다. 고객의 입소문은 식당의 매출과 직결되기 때문입니다. 실제로 배달 앱 '배달의 민족'이 매출 데이터를 분석한 자료를 보면 고객과 살가운 문자 대화를 잘하는 곳이 영업도 잘된다고 합니다.

이제 고객 센터도 글쓰기를 배워야 한다

대형 맥주 회사 '버드와이저'와 '밀러'는 그동안 꽁꽁 숨겨 왔던 맥주의 성분을 공개했습니다. 미국의 한 주부가 '남편이 즐겨 마시는 맥주에는 성분에 관한 안내와 설명이 없다'면서 블로그에 버드와이저와 밀러 맥주의 성분을 공개하라는 글을 올리고 서명 운동을 벌였기 때문입니다. 그러자 하루 만에 두 회사는 물론 다른 맥주 업체들까지 성분을 공개했습니다.

이처럼 요즘 고객은 자신의 의견과 정보를 온라인에 공유하면서 입소문을 낼 수 있습니다. 물론 이런 고객이 늘 살벌하기만 한 것은 아닙니다. 고객 입장에서 생각하려 애쓰고 도와주려는 진심이 전달된다면 이들은 당신의 제품, 서비스, 아이디어를 앞장서 팔아 주는 전도사 역할을 자청합니다.

한 공기업에서 '고객의 소리'를 담당하는 접점은 모두 8곳입니다. 이중 방문 창구와 전화만 빼면 모두 문자 언어로 소통합니다. 팩스, 우편, SNS, 이메일, 홈페이지, 블로그, 카페 등 온라인에서 고객과 만납니다. 결과적으로 고객 상담 부서나 고객과 직접 소통하는 이들의 서비스 글쓰기 기술이 기업의 성과와 평판을 좌우합니다.

그럼에도 자신 있게 글쓰기 업무를 할 수 있는 사람은 많지 않습니다. 여기에 불만이 가득하거나 글쓰기로 성난 고객을 응대한다는 것에 겁부터 먹는 사람이 훨씬 많죠. 문자 언어로 표현하고 소통하는 소양을 갖추지 않은 상태라면 소셜 고객과 제대로 된 소통을 하기는 힘들지도 모릅니다. 하지만 이 책을 읽고 짧고 찰진 한마디를 쓰는 감각과 안목을 가진 당신이라면 고객 서비스 글쓰기 또한 너끈하게 해낼 수 있습니다.

서비스 글쓰기는 온라인에서 글이라는 도구로 고객과 상호 작용하는 필담입니다. 고객이 하소연하는 문제를 해결하고 불만을 긍정적 경험으로 바꾸는 과정을 이메일, 홈페이지 CS 게시판, 메신저 등의 온라인 장소에서 글로 진행합니다.

소셜 고객이 선호하는 문자 언어는 문장으로 표현됩니다. 전화나 대면 상담처럼 말투나 몸짓이 보이지 않죠. 이런 비언어적인 단서가 없으면 메시지가 왜곡될 여지가 훨씬 많습니다. 따라서 단어 하나, 표현 하나에 신중해야 합니다.

오해 없는 문장은 어떻게 써야 할까요? 이제부터 단 한 명의 고객도 놓치지 않는 ESC 공식을 소개합니다. 이 3가지를 따르면 서비스 글쓰기는 실패하지 않습니다.

- 내용은 쉽게(Easy)
- 문장은 간결하게(Simple)
- 표현은 영리하게(Clever)

고객이 좋아하는 글쓰기① 내용은 쉽게

"클라이언트가 뭐예요?"

어린이 고객이 게임 회사 넥슨의 고객 게시판에 올린 질문입니다. 나이에 상관없이 전문 용어나 업계의 은어는 부담스럽습니다. 사내에서 습관적으로 사용하는 용어들도 고객에겐 낯설고 어렵습니다. '말뜻을 몰라 되묻느니 문제 해결 자체를 포기하는 게 낫다'는 고객도 많습니다. 괜한 수치감을 느끼기 싫기 때문입니다. 따라서 고객과 소통하는 서비스 글쓰기는 쉽고 편해야 합니다. 서비스를 위한 글쓰기는 고객과 마주 앉아 얼굴 보며 나누는 대화와 다르지 않습니다. 쉽게 말해야 소통도 빠릅니다.

"단위 본부에서 요청하여 전사적 확대를 검토 중입니다. 결론이 나면 통보하겠습니다."

한 기업의 교육 담당자에게 받은 메시지입니다. 고압적이고 권위적입니다. '통보'는 행정 용어인 '통지 보고'의 줄임말입니다. 행정 용어도 순화해서 쓰자는 추세인데 민간 기업이 거래처와 소통하면서 '통보'라는 말을 쓴다는 것은 도무지 이해되지 않습니다. 용어를 조금만 쉽게 써도 훨씬 알아듣기 편합니다.

"요청드린 교육을 전 임직원이 받을 수 있도록 검토 중입니다. 결론이 나면 바로 알려 드리겠습니다."

① 한자어나 외래어를 쉬운 말로 바꾸기

"하기한 바와 같이 거래 내역을 알려 드립니다."

→ "아래와 같이 거래하신 내역을 알려 드립니다."

"유효 기간이 만료되어 사용 불가합니다."

→ "유효 기간이 끝나 사용하실 수 없습니다."

IT 관련 기업의 경우, 기술직 담당자가 고객 서비스까지 맡는 경우도 있는데, 전문 용어나 업계 용어는 반드시 고객이 알아듣기 쉽게 설명해야 합니다. 넥슨의 〈서비스 언어 가이드〉에 실린 내용을 예시로 소개합니다.

"무선 인터넷 및 공유기 사용은 네트워크 순단 현상을 발생시킬 수 있습니다."

→ "무선 인터넷이나 공유기를 이용하실 경우 사용 도중 끊김 현상이 일어나기도 합니다."

② 핵심 내용을 가장 먼저 쓰기

이해하기 쉽게 설명하려면 핵심 내용을 맨 앞에 제시합니다. 다음은 〈동아비즈니스리뷰〉에 실린 예시 글입니다.

"법인 카드 본인 고객님께서 소지하고 계신 현대 법인 카드로 항공 요금을 결제하시면 국내를 포함하여 출장 중 발생할 수 있는 사고에 대비하여 최고 8억 원 상당의 여행자 보험 혜택을 무료로 받으실 수 있습니다. 마일리지 적립 혜택도 있으니 출장 기회가 있으실 때 저희 법인 카드를 사용해 보시면 좋을 것 같습니다."

끝까지 읽은 다음에야 무슨 내용인지 알 수 있습니다. 앞에서 언급했듯 요즘 사람들은 긴 글 읽기를 싫어합니다. 그러므로 핵심 내용을 먼저 이야기한 다음 부족한 설명을 보완합니다.

"고객님께서 현대 법인 카드로 항공료를 결제하시면 최고 8억 원까지 보상받는 여행자 보험에 무료로 가입됩니다. 또, 항공사 마일리지 적립 혜택과 특별한 클럽 서비스도 받을 수 있습니다."

고객의 말로 써야 쉽다

책 쓰기 컨설팅 자리에서 있었던 일입니다. 맞은편에 앉은 예비 저자는 막 수술을 마치고 달려온 외과 의사입니다. 그가 이런 질문을 합니다.

"책을 쓸 때 처음부터 한 줄 한 줄 완벽하게 쓰시나요? 도대체 그 많은 분량을 어떻게 다 쓰세요?"

저는 이렇게 답합니다.

"중증 사고 환자를 수술하시듯 쓰시면 돼요. 응급 수술에도 순서가 있잖아요? 먼저 자발 호흡을 하도록 기도를 열어 주고, 지혈하고, 피가 돌게 하면서….”

그러자 그가 놀랍다는 표정을 짓습니다. 그는 저에게 단번에 알아들었다며 고개를 끄덕입니다. 고객이 하는 일을 알 수 있다면 고객이 주로 쓰는 용어로 설명해 보세요. 훨씬 빠르고 편하게 받아들일 것입니다.

고객이 좋아하는 글쓰기② 문장은 간결하게

요즘 고객은 글을 읽지 않습니다. 마치 이미지를 보듯 쓱 훑어봅니다. 그러니 고객이 진득하게 읽어 주길 바라며 글을 쓰면 안 됩니다. 읽고 싶게, 읽기 쉽게 써야 합니다. 무엇보다 간결하게 써야 합니다. 불필요한 단어나 문장, 단락이 없어야 합니다. 단어 하나하나 꼭 필요한 것만 골라 써야 간결함을 유지할 수 있습니다. 문장의 길이는 40자 이내로 단출하게 씁니다.

① 1문장 1메시지 원칙

한 문장에 2개의 메시지가 들어 있으면 복잡합니다. 메시지를 간결하게 전하려면 문장 하나에 하나의 메시지를 담습니다.

"아이디 도용 방지를 위한 서비스 이용 방법을 안내해 드리오니 참조하셔서 아이디를 지키세요."

→"아이디 도용 방지를 위한 보안 서비스 이용 방법을 안내합니다. 참조하셔서 아이디를 지키세요."

② 군더더기를 없앤다

생각 없이 쓰는 문장에는 군더더기가 많습니다. 불필요한 것을 없애면 간결해집니다.

"연락드리도록 하겠습니다."

→"연락드리겠습니다."

"안전하게 받아 보시도록 잠금 장치로 사용할 비밀 번호 등록이 필요합니다."

→"안전하게 이용하시도록 비밀 번호를 등록해 주십시오."

"유선상의 업무이므로 고객님의 소중한 개인 정보 보호를 위해 주민 번호 앞 6자리를 말씀해 주시면 감사하겠습니다."

→ "본인 확인을 위한 주민 번호 앞 6자리가 어떻게 되십니까?"

핵심 고객만 남긴 표현

간결하게 쓰면 핵심 고객만 부를 수 있습니다. 뇌는 자신과 관련 있는 정보에만 집중합니다. 핵심 고객이 명확하다면 콕 집어 간결하게 부르세요. 당신이 목표로 잡은 고객은 간결한 문장에 이끌려 멈춰 설 수밖에 없을 겁니다.

- 고3 수험생 특별 가격
- 40세 이상 남자만 오세요
- 강남구에서만 판매합니다
- 고향이 남쪽인 분께만 팝니다
- 쌍둥이 엄마만 보세요
- 갱년기 여성을 위한 반짝 뉴스

고객이 좋아하는 글쓰기③ 표현은 명쾌하게

표현이 명쾌해야 곧바로 알아듣습니다. '이게 무슨 뜻이지?' 하고 생각할 필요 없이 읽자마자 내용을 이해하도록 써야 합니다.

① 쉬운 단어 쓰기

고객에게 익숙한 언어로 표현할 때 명쾌해집니다.

"비용의 50%를 캐시백 해 드리겠습니다."

→"비용을 50% 할인해 드리겠습니다."

"신분증을 지참하고 오십시오."

→"주민 등록증이나 운전 면허증을 가져오세요."

"링크드인은 기업들이 신규 시장 개척과 바이어 발굴 등에 주로 활용하는 세계 최대 비즈니스 전문 소셜 네트워크 서비스입니다."

→"링크드인은 비즈니스용 페이스북입니다."

② 한마디로 요약하기

구구절절 관념적인 내용을 늘어놓으면 읽을수록 어려워집니다. 한마디로 요약해 보세요.

"광고의 궁극적인 목표는 어떤 개인, 집단의 주장이나 상품의 지식을 정확히 알리는 데 있다."

→"별을 따 왔어도 광고를 안 하면 모른다."

③ 주어, 술어, 목적어 갖추기

온라인에서 고객과 나누는 필담은 문장으로 이뤄집니다. 말과 달리 글은 문장이 완전할수록 의미 전달이 확실합니다. 주어, 술어, 목적어를 완전하게 갖춰야 고객이 빠르게 이해합니다.

"홈페이지 직접 탈퇴 시 일주일간 가입 불가합니다."

→"고객님이 직접 홈페이지를 통해 탈퇴하셨다면 일주일간 가입하실 수 없습니다."

"기한 만료로 사이트 이용이 제한됩니다."

→"고객님의 사용 기한이 만료되어 사이트를 이용하실 수 없습니다."

④ 긍정적인 마무리

문장은 긍정적으로 끝내는 것이 명쾌합니다.

"쿠폰은 기한이 만료되면 사용하실 수 없어요."

→"쿠폰은 기한까지만 사용하실 수 있어요."

한눈에 파악하기 쉬운 제목+설명 포맷

고객이 요청한 문제를 해결하기 위해 써야 할 내용이 많은가요? 알려야 할 게 한두 가지가 아닌가요? '제목+설명' 포맷을 사용하면 많은 정보도 고객이 파악하기 쉽습니다. 여러 항목을 나열해야 한다면 일련번호로 정리합니다. 지금부터 각자 다른 3가지 방식의 글쓰기를 읽어 봅시다.

A: 코로나 19 감염 예방을 위해 출입 명부를 작성해 주세요. 연락처와 거주지를 쓰고 개인 정보 보호를 위해 이름은 쓰지 않아도 됩니다. 여러 명이 내방한 경우, 팀 단위로 한 분만 작성하고 사인해 주세요. 개인 정보는 4주간 보관 후 폐기됩니다.

B: 코로나19 감염 예방용 출입 명부 작성(연락처, 거주지만)
코로나 19 감염 예방을 위해 출입 명부를 작성해 주세요. 연락처와 거주지를 쓰고 개인 정보 보호를 위해 이름은 쓰지 않아도 됩니다. 여러 명이 내방한 경우, 팀 단위로 한 분만 작성하고 사인해 주세요. 개인 정보는 4주간 보관 후 폐기됩니다.

C: 코로나19 감염 예방용 출입 명부 작성(연락처, 거주지만)

1. 연락처와 거주지만 쓰세요. 개인 정보 보호를 위해 이름은 쓰지 않아도 됩니다.
2. 여러 명이 내방한 경우, 팀 단위로 한 분만 작성하고 사인해 주세요.
3. 개인 정보는 4주간 보관 후 폐기됩니다.

A는 설명만 있습니다. B와 C는 제목+설명 포맷을 사용했습니다. 이때 C는 전달 사항을 일련번호로 정리해서 한눈에 파악하기 쉽습니다. 고객도 편하고 효과도 좋으니 일석이조입니다.

빠른 입소문엔 애칭이 제격이다

삼성전자가 아이돌 그룹 방탄소년단(BTS)과 협업해 출시한 '갤럭시 BTS 스페셜 에디션'은 160만 원가량의 고가임에도 판매 시작 후 약 1시간 만에 매진됐습니다. BTS를 사랑하는 팬들이 나선 덕분입니다. BTS의 팬클럽 이름은 '아미'입니다. 아미라고 불리는 순간 그들은 한 몸입니다. 이렇듯 고객에게 이름을 붙여 주세요. 팬이 된 고객들은 당신이 어디서 무엇을 팔든 알아서 찾아옵니다.

'제주도 요정, 자몽 요정, 야구 요정'

한 선술집에서 손님을 부르는 말입니다. 이 가게에 오는 모든 사람은 요정입니다. 가게 주인이 고객의 특성을 포착하고 핵심 단어 하나만 사용해 '○○ 요정'이라는 이름을 붙여 줍니다. 고객에게 애칭을 만들어 부르면 내 편이 됩니다. 이름을 붙인다는 것은 존재를 인정하고 함께한다는 의미이기 때문이죠.

이름이 정체성이다

이름은 누구에게나 가장 황홀한 단어입니다. 특정 집단에도 이름을 붙이면 정체성이 강조되고 구성원들의 결속력이 높아집니다. 미국의 의료 법인 사우스 센트럴 재단에서는 다음과 같은 이유로 환자라는 단어 대신 '커스터머 오너'를 사용합니다.

"시스템에 대한 모든 사람의 기준을 높이기 위해서, 고객들이 스스로 어떻게 대우받기를 원하는지 결정하도록 하기 위해서, 자발적으로 자기 건강에 대한 주인 의식을 가져 주기를 바라기 때문이다."

여기서 '커스터머 오너'는 건강에 대한 주인 의식에 관심을 가져주길 바라는 뜻으로 사용한 의미 있는 단어입니다. 건강과 치유에 대한 근본적인 책임은 나 자신에게 있고 병원은 조언자에 불과하다는 생각을 심어 주고 싶다는 것이 병원의 설명입니다. 겨우 한두 단어가 집단 무의식을 갖게 할 수 있다니 참으로 대단한 영향력입니다.

당신의 고객이 어떤 사람이기를 바라나요? 어떤 이들이 당신의 고객이 되면 좋겠습니까? 그들에게 미리 이름을 붙여 두세요. 그러면 당신이 바라는 고객이 찾아오고 기존의 고객도 당신이 바라는 고객처럼 바뀔 것입니다.

사람들은 애칭을 기억한다

'호날두가 사랑한 호두과자'

이 문구를 읽은 고객은 '정말 호날두가 이 가게의 호두과자를 사 먹었을까?' 하는 생각이 들면서 이후에는 그게 아니어도 상관없다고 생각합니다. 어느 가게나 호두과자 맛이 비슷하다면 특별한 스토리가 담긴 호두과자를 사고 싶은 게 사람의 마음입니다.

'이영자 쿠션'

어느 화장품 회사에서 출시한 대왕 쿠션의 닉네임입니다. 남달리 통이 큰 제품들을 사용해 주목받은 방송인 이영자 님이 선택했다고 해서 붙여진 애칭입니다. 이제는 제품 이름보다 애칭이 더 유명할 정도입니다.

'여친 렌즈'는 여자 친구의 모습을 훨씬 멋지게 담아내는 특정 카메라 렌즈의 애칭입니다. 햄버거가 입이 찢어질 정도로 커서 붙여진 '입찢버거', 마약처럼 중독되는 맛이라는 뜻의 '마약김밥'도 있습니다. 이처럼 잘 팔리는 제품은 원래 이름보다 애칭으로 불립니다. 0.1초 만에 클릭되거나 '순삭' 당하는 온라인에서는 메시지를 다룰 때 '표현의 경제성'이 중요하기 때문입니다.

애칭의 효과를 진즉에 간파한 마케팅 전문가들은 새로운 단어 전략으로 애칭 붙이기를 시도합니다. 원래 이름이 길거나 발음하기가 어려울 때 애칭을 붙입니다. 혹은 고객이 먼저 애칭을 만들어 부르는 것을 기업이 포착하여 사용하기도 합니다. 더 적극적으로는 기업이 고객에게 애칭을 붙여 달라는 공모 이벤트를 열기도 합니다.

당신의 제품, 서비스부터 당신이 수행하는 프로젝트나 이벤트까지, 뭔가를 널리 알려야 한다면 다음 3단계를 거쳐 이름을 붙여 보세요.

1단계: 효과든, 소재든, 입지든 가장 강력한 특징 하나를 추출하세요.
2단계: 그 특징을 상징적으로 압축할 수 있는 단어를 찾아 애칭으로 만드세요.
3단계: 당신이 먼저 애칭을 사용해 부르세요. 그리고 사람들에게 그렇게 불러 달라고 요청하세요.

어떤 메시지든 오래 기억하고 바로 전파하는 방법은 적절하고 경제적인 단어를 선택하는 데 있습니다. 애칭 기법은 이 2가지를 충족하면서도 재밌어서 효과를 북돋우는 대표 선수입니다.

착한 가치는 모두가 좋아한다

우리나라는 초등학교 교과서에 해킹이나 해커라는 단어를 사용하지 않습니다. 원래 해킹이라는 단어는 '난이도 높은 프로그래밍을 구축하거나 그 작업 과정에서 느껴지는 순순한 즐거움'을 뜻하는 말이었지만 지금은 '불법적으로 컴퓨터나 네트워크를 공격하는 행위'로 쓰입니다. 자칫 오해의 여지가 크므로 우리나라 법은 해커라는 표현 대신 '정보 통신망을 침해한 자', '악성 프로그램을 유포한 자'로 표기하고 일본의 법은 '부정 액세스 한 자'로 표기합니다.

단어는 저마다 하나의 관념이 다른 관념을 불러일으키는 '연상 작용'을 합니다. 그래서 적재적소에 쓰지 않으면 의미가 왜곡되고 오해를 부르죠. 단어의 영향력을 익히 아는 사람들은 이런 식으로 왜곡되는 상황을 막으려 애쓰는데요. 이를 '정치적으로 올바른 단어 사용하기'라고 합니다.

정치적으로 올바른 단어란, 주관에 휘둘리지 않고 객관적인 단어를 말합니다. 특정한 편견이나 고정 관념에 매이지 않고 가치 중립적인 단어를 사용하는 것이 바로 정치적으로 올바른 단어 쓰기입니다. 저는 이런 단어를 '착한 단어'라 부릅니다. 의미와 의도가 적절하면서 착하기까지 한 단어를 사용하는 것은 단어를 품격 있게 구사하는 교양인의 필수 능력입니다.

편견 없이, 왜곡 없이 '착한 단어'

기업들의 최고 목표는 돈벌이입니다. 하지만 그중에서도 몇 기업은 돈을 버는 단어를 마다하고 편견과 선입견, 갖은 고정 관념에서 자유로운 '착한 단어'를 써서 소비자의 호응을 끌어냅니다.

영국의 백화점 체인 존 루이스는 아동복 매장의 모든 옷에 여아, 남아 등의 표기를 없애고 '남아와 여아' 또는 '여아와 남아'라는 라벨을 달았습니다. 그리고 성 구별이 확연한 브랜드는 철수시켰습니다. 백화점 측은 “아동복에 대한 고정 관념을 극복하고 아이와 부모에게 폭넓은 선택권을 제공하기 위한 것”이라고 그 이유를 밝혔습니다.

일본유전학회는 ‘우성’과 ‘열성’이라는 단어를 쓰지 않기로 했습니다. 편견을 부를 수 있기 때문입니다. 그 대신 현성(드러나는 성질)과 잠성(잠재된 성질)이라는 단어로 대체한다고 합니다.

유권자가 가치관과 철학이 맞는 후보에게 투표하는 것처럼 이제 소비자도 기왕이면 착한 생각과 착한 행위를 하는 기업의 제품과 서비스를 구매합니다. 이런 성향의 소비를 ‘투표 소비’라 합니다. 마찬가지로 기왕이면 착한 단어를 사용하는 글이 호감을 불러일으킬 것은 분명합니다. 착한 단어는 착한 생각을 담는 그릇이니까요.

재일 교포 강상중 선생의 책에는 ‘비즈니스맨’이라는 표현 대신 ‘비즈니스 퍼슨’이라는 단어가 보입니다. 차별과 편견 없는 단어를 골라 쓰려는 의지가 읽힙니다. 굳이 성별을 밝혀야 할 까닭이 없는데도 구별할 이유가 있을까요?

저는 여자입니다. 그런데 업무와 관계된 글에서 저를 ‘그녀’라고 표현하는 것을 종종 보았습니다. 일을 할 때 저는 여자도 남자도 아닙니다. 그저 그 일을 하기에 적합한 '사람'입니다. 이 경우, 남자를 뜻하는 '그'가 아니라 일반인을 의미하는 '그'라는 인칭 대명사로 쓰는 것이 맞습니다.

감사는 친절하게 사과는 정확하게

바쁜 와중에 인사를 챙기다 보면 의도치 않게 왜곡되는 경우가 적지 않습니다. 의도가 좋다고 결과까지 좋다는 법은 없습니다. 특히 나도 모르게 상대를 판단하고 평가하는 것은 피해야 합니다. 대표적으로 '칭찬은 고래도 춤추게 한다'며 만병통치약처럼 써먹는 경우가 많은데요. 칭찬이야말로 판단과 평가의 산물이므로 조심히 사용해야 합니다.

"요리를 잘하셨네요."

고객에게 칭찬을 하면 어떨까요? 과연 칭찬이라고 다 좋을까요? 칭찬은 일종의 평가이기 때문에 상황에 따라서는 결례가 됩니다. 칭찬하는 한마디를 이렇게 바꾸면 어떨까요?

"요리하신 것을 보니 제가 너무 행복합니다."

칭찬은 NO 감사는 YES

칭찬은 고래를 춤추게 할지는 몰라도 고객은 고래가 아닙니다. 고객에게는 칭찬이 아니라 감사 표현이 제격입니다.

"고객님, 글을 정말 잘 쓰셨어요."
→ "고객님의 글을 읽고 행복해졌어요."

"고객님, 후기를 참 잘 쓰셨어요."
→ "고객님이 후기에 보여 주신 애정에 감복할 따름입니다."

"오늘도 목표를 달성하셨다니 참 잘 하셨습니다."
→ "오늘도 목표를 달성하셨군요. 담당 트레이너로서 너무 행복합니다. 우리 피트니스 클럽의 자랑이십니다."

특히 마지막 문장처럼 감사에 인정을 더하면 고객은 2배 더 행복해집니다. 이런 메시지를 주고받는 트레이너라면 주변 사람을 많이 소개해 주고 싶은 마음이 절로 생길 것 같습니다. 고객 서비스의 전형으로 손꼽히는 리츠칼튼 호텔에서는 벨 보이부터 객실 담당 직원까지 모든 직원이 고객에게 감사를 받을 때 '천만에요' 대신 이렇게 응대하도록 교육합니다.

"제가 더 기쁩니다."

고객이 기꺼운 마음으로 감사 표시를 했을 때 돌아오는 답이 '별 말씀을요!'라면 '내 감사가 별것 아니란 건가?'라고 느낄 수 있기 때문입니다.

안티를 팬으로 만드는 사과의 기술

의도했든 아니든 고객을 화나게 했다면 사과해야 합니다. 어떤 사과는 불만 고객을 단골로 만드는가 하면, 어떤 사과는 할수록 고객의 화를 부추깁니다. 여기, 불만 고객을 우리 제품 전도사로 만드는 사과의 기술이 있습니다. 화가 난 고객의 입장을 공감하고 인정한 다음 제대로 사과하는 'S.O.R.R.Y'입니다.

- S(Sensing): 문제가 된 상황을 정확히 감지한다.
- O(Optimize): 잘못된 상황을 인정하고 상대의 입장을 헤아린다.
- R(Regret): 정중히 반성하고 사과의 말을 전한다.
- R(Respond): 다시는 이런 일이 일어나지 않을 것이라는 개선을 약속한다.
- Y(thank You): 마지막으로 만회할 수 있는 기회를 준 상대에게 감사의 말을 전한다.

사과 표현은 신중해야 합니다. 가령 "기분 나쁘셨다면 죄송합니다" 같은 조건부 표현은 금물입니다. 사과를 할 땐 사과의 마음을 충분히 전달한 다음 다른 내용으로 넘어가야 그 마음이 제대로 전달된다는 것을 잊지 마세요.

"정말 죄송합니다만 내일 오전까지는 꼭 처리해 드리겠습니다."
→"정말 죄송합니다. 내일 오전까지 꼭 처리해 드리겠습니다."

평범한 말도 특별하게 만드는 언어의 마법

당신이 자동차 회사 홈페이지에 특정 자동차의 견적을 요청하는 글을 올린다고 가정합니다. 바로 댓글이 달리겠죠? 그렇다면 다음 중 어떤 댓글에 마음이 움직일까요?

A: 빨리 견적서를 보내 드리겠습니다.

B: 1시간 후에 말씀하신 견적을 보내 드리겠습니다.

C: 1시간 후에 고객님의 차량 견적을 보내 드리겠습니다.

A는 가장 일반적입니다. 하지만 '빨리'의 기준이 사람마다 제각각

이어서 누군가에게는 무척 느릴 수 있습니다. B는 '1시간'이라는 구체적인 숫자를 제시해서 직원이 약속을 정확하게 지키는 느낌을 줍니다. C는 '고객님의 차량 견적'이라는 표현을 더해 '나를 위해 설계된 특별한 견적'처럼 느껴집니다. 이처럼 '아 다르고 어 다르다'는 말은 고객 서비스를 위한 글쓰기에서도 금과옥조입니다.

인칭 대명사로 남다른 소속감을 준다

'고객님께서 통화 중이오니 다시 걸어 주십시오.'

전화를 거는데 상대가 통화 중이면 이런 멘트가 나옵니다. '고객님께서'라는 인칭 대명사 덕분에 훨씬 친근하게 들립니다. 마치 누군가가 나를 위해 통화 상태를 알려 주는 것 같습니다. 같은 맥락으로 '우리'나 '저희' 같은 단어도 고객과 대화하는 느낌을 줍니다. 이를 바탕으로 다음 문장들을 이렇게 바꿔 표현하세요.

"고객님들이 이 제품만 구매합니다."
→ "우리 고객님은 이 제품만 구매합니다."

"질문하실 사항이 있으면 고객 센터로 연락 주세요."

→ "고객님께서 질문하실 사항이 있으면 저희 고객 센터로 연락 주시기 바랍니다."

문장에 '우리'나 '저희'라는 단어만 붙였을 뿐인데 고객은 확실한 '우리' 편이 됩니다.

쿠션 언어도 알고 써야 먹힌다

"안타깝게도 지금 그 제품은 품절되셔서 구매가 힘드십니다."

서비스업계에서 흔히 볼 수 있는 표현입니다. 그런데 이런 표현에 알레르기 반응을 보이는 이들이 적지 않습니다. 고객을 존중하려는 마음에서 시작된 표현이 되레 고객을 언짢게 만드는 경우입니다. '그런 말 불편하니 쓰지 마세요'라고 말할 게 아니라면 상황 자체를 피하는 게 상책입니다.

화법 전문가들은 의사를 전달할 때 마치 쿠션처럼 상대방이 더 부드럽게 느낄 만한 단어를 사용하라고 권합니다. 이것을 '쿠션 언어'라 합니다. 쿠션 언어는 특히 거절이나 부정 등의 상황에서 상대가 받아들이기 편하게끔 사용됩니다. 하지만 이제는 너무 많이 써서 소통을 가로막는 장애물이 되기도 하죠. 아무리 의도가 좋더라도 소통이 잘 돼야 의미 있습니다. 결국은 간단하게 말하는 것이 가장 좋습니다. 앞서 쓴 표현은 이렇게 고쳐 쓰면 되겠죠.

"안타깝게도 그 제품은 지금 품절입니다."

쿠션 언어가 되레 소통을 방해한다면 즉시 핵심만 떠올리세요. 요즘 고객들은 의례적인 언어적 친절보다는 빠른 문제 해결을 더 원합니다.

응답하라!
최고의 답글 3가지 법칙

홈페이지 게시판이나 SNS에 고객이 올린 질문에 답변을 남기는 일은 마케터, 세일즈 파트, 고객 서비스 파트에서 가장 중점을 두는 업무입니다. 특히 혼자 일하는 사람이라면 무엇보다 신경 써야 하는 일입니다. 수많은 고객이 어떤 댓글이 올라올까 지켜보다가 하나만 잘못 걸려도 자신들의 네트워크로 사방팔방 소문을 내기 때문입니다.

고객의 질문에 답글을 쓸 때 가장 중요한 원칙이 있습니다.

"반응하지 말고 응답하라."

반응과 응답은 다릅니다. 반응은 질문에 대한 배려나 고려 없이 즉각적으로 답변하는 것입니다. 응답은 주의 깊고 사려 깊은 생각이 뒷받침된 답변입니다. 우리는 고객에게 응답해야 합니다. 응답하는 글쓰기는 3R 프레임을 활용하면 고객이 만족하는 답변을 만들 수 있습니다.

3R 프레임으로 고객을 감동시켜라

- 질문 내용을 언급해 답을 쓴다. (Repeat)
- 이유나 근거를 함께 제시한다. (Reason)
- 질문에 대한 답변을 한 번 더 정리한다. (Restate)

이 프레임을 활용하면 댓글 하나로 고객의 마음을 사로잡을 수 있습니다. 핵심은 질문 내용을 언급하는 것입니다.

"배송이 왜 아직도 안 되는지 모르겠어요. 대체 언제 배송되나요?"

이 문의에 "주문 후 3일 이내 배송됩니다"라는 원론적인 답글을 쓰면 고객의 불만은 더욱 커집니다. 3R 프레임으로 답글을 써 봅니다.

- 질문 내용을 언급해 답을 쓴다. (Repeat)

→ "○일에 주문하신 상품이 언제 배송되는지 문의하셨습니다."

- 이유나 근거를 함께 제시한다. (Reason)

→ "택배사에 제품을 조회해 본 결과, 현재 고객님이 계신 지역에 도착해 배송 중입니다."

- 질문에 대한 답변을 한 번 더 정리한다. (Restate)

→ "배송이 언제 되는지 문의하셨는데 오늘 중으로 배송됩니다."

이렇게 응대하면 고객은 자신의 상황을 공감받았다는 느낌에 기분이 좋아집니다. 이처럼 응답하는 답글은 고객이 '자신의 질문에 경청하고 집중한다'는 느낌을 받아 만족도가 높습니다.

일방적 판단은 금물

"고객님은 철두철미하신 분 같습니다."

만일 내가 산 제품이나 서비스에 문제가 있어 문의했는데 이런 답글이 달리면 기분이 어떨까요? 철두철미하다는 표현에 '그냥 지나가도 될 일을 따지고 든다'는 뉘앙스가 묻어나 기분이 더 나빠지지 않을까요? 이런 오해를 막으려면 이렇게 써야 합니다.

"고객님께서 일일이 말씀해 주셔서 저희가 일을 처리하는 데 훨씬 수월했습니다."

사실 관계를 확인해야 할 때조차도 잘못이나 실수를 콕 집어 지적하거나 고객의 말과 행동을 내 기준으로만 판단하는 표현은 서비스 글쓰기에서 절대 금물입니다.

"고객님, 주문하신 제품은 업체 직배송이라 당일 배송에 해당되지 않습니다. 제품 설명에 나와 있는데 못 보셨어요?"

→ "고객님, 해당 제품은 업체 직배송이라 당일 배송이 되지 않는다고 말씀드렸는데 설명이 미흡했나 봅니다."

친근함으로 승부하는 대화체 한마디

2020년에 넷플릭스, 버거킹, 골드만삭스 같은 글로벌 기업들이 모두 마케팅 최고 경영자(CMO)를 교체했습니다. 코로나19 위기를 돌파하려면 마케팅과 커뮤니케이션이 더욱 중요해졌다고 판단했기 때문입니다. 넷플릭스는 새로운 마케팅 수장을 영입하며 이렇게 말합니다.

"새 CMO는 고객과의 대화를 유도하는 방법을 이해하는 뛰어난 마케터다."

세계적인 기업도 고객과 대화해야 한다고 나섭니다. 마케팅 글쓰기도 고객과 나누는 대화입니다. 그래야 읽히고 읽혀야 먹힙니다. 요즘은 사는 사람과 파는 사람이 만나는 접점이 스마트폰이나 컴퓨터에 있다 보니 글이 일방적으로 전달되기 십상입니다. 그래서 홈페이지의 게시판, 문자 메시지 창에 쓰는 글은 거의 대부분이 독백이라고 할 수 있습니다.

언어는 사람만 사용하기 때문에 대화체로 글을 쓰면 컴퓨터, 노트북, 스마트폰 너머에 있는 누군가와 대화하는 느낌이 듭니다. 온라인에서 고객의 마음을 사로잡으려면 대화체로 써야 합니다. 어렵고 지루한 명사 위주의 비즈니스체, 학구체는 회사나 학교에서나 통할 뿐 소비자가 모인 온라인 시장에서는 절대 클릭될 수 없습니다. 어려운 용어, 장황한 문장, 지루한 한마디는 0.1초 만에 사람들의 외면을 사고 맙니다.

고객과 대화하듯 써라

읽히는 글, 조회수 높은 글은 메시지가 한눈에 바로 들어오고 마치 바로 옆에서 누군가 말을 거는 듯합니다. '꾸안꾸'는 '꾸민 듯 안 꾸민 듯'을 뜻하는 신조어입니다. 꾸안꾸는 글쓰기에서도 중요합니다. 대화하는 것처럼 조곤조곤 쓰는 방식으로 구어체라고도 하는데, 저는 이를 '대화체'라 부릅니다. 대화체는 문어체보다 엄격하지 않고 형식적이지 않아 훨씬 잘 읽힙니다.

그런데 대화체를 오해하는 사람이 많습니다. 혼자만 아는 내용을 혼자만 알아듣게 중얼중얼 쏟아 내는 것은 대화체가 아니라 옹알이체입니다. 별 내용 없이 주변적인 이야기만 늘어놓은 글은 수다체입니다. 이것들은 절대 대화체가 아닙니다.

대화체는 편하고 친근하게 표현하면서 꼭 필요한 의미를 놓치지 않습니다. 구글, 애플, 아마존 등 세계적인 기업들은 고객에게 말을 거는 듯한 대화체 글쓰기를 위해 해당 전문가를 투입합니다. 전문가의 역할은 웹과 앱 등 고객과 만나는 접점에 있는 모든 텍스트를 일일이 점검하고 대화체로 바꿔 쓰는 것입니다.

"메일이 누락됐으니 다시 보내 주십시오."

이런 비즈니스 문장도 대화체로 표현할 수 있을까요?

"이런, 메일이 딴청을 피우나 봅니다. 미안하지만 다시 보내 주시겠어요?"

실제로 기업에서 이런 식의 꾸안꾸 대화체를 사용하며 고객에게 친근함을 주기도 합니다.

패션을 좋아하는 사람들은 실제로 작정하고 꾸민 스타일보다 꾸민 듯 꾸미지 않는 스타일이 훨씬 어렵다고 고백합니다. 패션 스타일링에 대한 기본 감각과 안목을 갖춰야 자연스럽기 때문이죠. 꾸안꾸 글쓰기도 마찬가지입니다. 마케팅 글쓰기의 본질을 이해하고 감각과 안목을 익힌 사람만이 구사할 수 있는 고차적 능력입니다. 그러므로 때에 따라 적절하게 사용하는 자세가 필요합니다.

TIP

애플 천재 직원들의 공감 100% 말하기 비법

고객 센터에 불만을 토로하는 고객이 가장 바라는 것은 무엇일까요? 당면한 문제 상황을 바로바로 해결하는 것입니다. 그에 앞서 고객은 자신이 경험한 어려움과 불편을 공감해 주기 바랍니다. 이런 공감 없이 문제 해결에만 집중하면 고객은 '매뉴얼대로 나를 응대하는구나' 하며 기계적인 태도에 언짢음을 느낍니다.

애플은 매장에 근무하는 직원을 천재라고 부릅니다. 고객의 문제를 해결하는 데 천재라는 의미죠. 애플 매장 직원은 고객을 '공감하기-안심시키기-이해시키기' 3단계로 응대합니다. 우선 불편함을 느낀 고객의 문제 상황을 공감하고 기술적인 해결로 이어 가는 것입니다.

공감하기-안심시키기-이해시키기

- 고객이 느꼈을 기분에 최대한 공감한다. (공감하기)
- 잘못된 것이 아니라고 안심시킨다. (안심시키기)
- 이유나 근거로 고객을 이해시킨다. (이해시키기)

털옷을 구입한 고객이 털이 많이 빠져 불편하다는 불만의 소리를 고객 게시판에 올렸다고 상상해 봅니다. 애플 천재들처럼 '공감하기-안심시키기-이해시키기' 3단계로 응대하면 다음과 같습니다.

- 고객이 느꼈을 기분에 최대한 공감한다. (공감하기)

→ "고객님, 그러셨군요. 왜 그렇게 느끼셨는지 이해됩니다."

- 잘못된 것이 아니라고 안심시킨다. (안심시키기)

→ "저도 그 제품을 입어 봤는데, 처음엔 그렇게 느꼈습니다."

- 이유나 근거로 고객을 이해시킨다. (이해시키기)

→ "그런데 털을 가공한 제품은 보통 처음에 그런 점이 좀 불편하다고 합니다. 한 번 세탁을 하고 나면 더는 털이 묻어나지 않을 것입니다. 고객님이 구매하신 제품은 초압축 털 가공 제품이라 세탁 후에도 털의 따뜻함은 그대로입니다. 세탁을 하면 털이 빠지는 불편은 없어지실 겁니다."

5장

Shooting

내 것으로 만드는 실전 한마디

세계적인 카피 장인들은 어떻게 쓸까?

잘 쓰기 전에 몹쓸 글 안 쓰기

사업이든 판매든, 영업이든 생활이든, 삶의 전반에 걸쳐 글쓰기가 필요하지 않은 순간은 없습니다. 그런데 막상 글을 쓰려고 하면 뭘 어떻게 써야 되는지 모든 게 막막합니다. 더군다나 잘 써야 한다는 강박까지 더해지면 기대와 달리 점점 '몹쓸 글'이 되고 맙니다. 글 좀 쓴다는 사람들은 바로 이 몹쓸 글을 바로잡는 데 많은 시간과 에너지를 투입합니다. 몹쓸 글을 바로잡는 경험이 많이 쌓이면 제대로 쓰는 글에 대한 기본, 즉 어떻게 쓰면 되고 어떻게 쓰면 안 되는지의 감각과 안목을 갖게 됩니다.

무슨 글이든 잘 쓰려면 수십 가지 규칙과 기술을 이해하고 적용할 줄 알아야 합니다. 그런데 이것들을 모조리 배우고 오랜 시간 연습해야 한다면 글 잘 쓰는 사람은 한 명도 없을 것입니다. 다른 사람에게 잘 통하는 글, 잘 먹히는 한마디를 쓰는 사람들은 잘 쓰기가 아니라 '제대로 쓰기'를 연습합니다.

불행을 피하면 행복에 가까워진다고 합니다. 살이 찌지 않는 체질을 만들면 살 빼는 어려움을 겪지 않아도 됩니다. 마찬가지로 몹쓸 글을 쓰지 않는 것이 제대로 쓰기의 첫걸음입니다. 읽히지 않고 먹히지 않는 '몹쓸 글쓰기'를 피하면 글, 기본은 씁니다.

이번 장에서는 문장 쓰기 달인들이 오랫동안 연습해 온 글쓰기 비법을 알려 드립니다. 생초보도 지금 바로 따라 할 수 있는 '문장 다이어트'입니다.

짧아도 탄탄하게! 문장 다이어트

글쓰기가 일부 직업이나 직군에만 요구되는 능력으로 여겨졌을 땐 빈약한 내용이 가장 큰 문제였습니다. 누구나 글을 쓰고 책을 내는 지금은 너무 많이 쓰는 것이 문제입니다. 독자는 읽을 생각도 없는데 쓰고 싶은 대로 쏟아 냅니다. 우왕좌왕 흐르는 생각을 거르지 않고 씁니다. 이런 몹쓸 글을 피할 땐 문장 다이어트가 제격입니다. 문장 다이어트는 이렇습니다.

1. 메시지에서 벗어난 수많은 곁가지를 가차 없이 쳐내고
2. 중언부언하느라 차고 넘치는 부분을 단호하게 빼고
3. 핵심을 흐리는 어정쩡한 표현을 미련 없이 삭제한 다음
4. 부족한 부분을 메우고 틀린 부분을 바로잡아
5. 군더더기 없이 꼭 필요한 부분만 남기는 작업

문장 다이어트를 거친 몹쓸 글은 명문이 됩니다. 핵심을 빠르게 전달하는 짧고 찰진 한마디로 변신하죠. 문장 다이어트는 글쓰기가 생업인 사람들이 습관적으로 하는 일입니다. 노벨상 수상 작가부터 기자, 카피라이터까지 글쓰기 프로들은 문장 쓰기가 아니라 문장 다이어트의 달인들입니다. 처음부터 군더더기 없는 탄탄한 문장을 쓰는 것이 아닙니다. 몹쓸 글로 시작해도 문장 다이어트를 수없이 반복하면서 잘 쓴 글로 만듭니다.

글쓰기가 어렵다면 일단 쓰고 문장 다이어트 과정만 거쳐도 훨씬 좋아집니다. 문장 다이어트는 한마디로 '1. 쓴다, 2. 고쳐 쓴다'의 2단계입니다.

'아름답지 않거나 필요하지 않은 것은 버려라'

이 문장을 단출하게 고치면 이렇게 됩니다.

'아름다운 것만 가져라'

만약 '아름다운'보다 구체적인 표현을 쓰고 싶다면 이렇게 고칠 수 있습니다.

'설레는 것만 가져라'

여기에 좀 더 임팩트를 주면 다음 문장이 완성됩니다.

'설레지 않으면 버려라'

이렇게 다이어트를 마친 문장은 0.1초 만에 관심을 유발하고 읽는 사람의 마음을 움직입니다.

문장 전문가의 비밀 습관

문장 전문가 스탠리 피시는 잘 쓰려면 뛰어난 문장을 많이 읽고 왜 뛰어난지 알아내서 그런 문장을 쓰기 위한 모방 훈련을 지속하라고 말합니다. 이 모방 훈련은 문장 다이어트와 마찬가지로 글쓰기가 생업인 사람들이 연습하는 방법입니다.

저는 이것을 '문장 빌려 쓰기'라고 부릅니다. 빌려 쓰기는 잘 팔리는 한마디를 베껴 쓰는 것으로 시작합니다. 사람들에게 사랑받은 문장, 제목, 한마디를 베껴 쓰다 보면 그 안에 담긴 감각에 저절로 눈을 뜹니다.

빌려 쓰기는 전문 카피라이터들이 실력을 단련하는 방식이기도 합니다. 유명 카피라이터이자 《책은 도끼다》의 저자 박웅현 님은 신문에서 본 구절이나 시, 간판 이름 등 자신에게 울림을 준 문장을 노트에 정리합니다. 빌려 쓰기의 결과물인 그 노트는 카피라이터에게 가장 큰 재산이라고 합니다.

일본의 카피라이터 시가키 주로는 카피라이팅 기술을 익힐 때, 당시 일본의 대표 카피라이터인 나카하타 다카시의 작품집을 베껴 썼습니다.

"베껴 쓰다 보면 점을 찍는 방법, 글의 리듬, 카피의 전개, 어미의 사용 구분 등 단지 읽기만 해서는 알 수 없는 초특급 기술을 체감한다. 그러면서 좋은 카피의 기준을 깨닫게 됐다."

시가키는 이 과정에서 전설적인 카피라이터와 자신의 차이점을 발견할 수 있었는데, 이게 다 글자 하나하나를 정확하게 필사한 덕분이라고 증언했습니다. 빠짐없이 흉내를 내다 보니 지금까지 전혀 몰랐던 프로의 감각을 알게 되면서 오늘날 일본 대표 카피라이터의 자리를 차지하게 됐다고 합니다.

단어부터 문장까지 빌려 쓰기

'말투 하나 바꿨을 뿐인데'

'설레지 않으면 버려라'

'150년 하버드 글쓰기 비법'

잘 팔린 책들의 제목입니다. 200~300페이지나 되는 많은 분량의 책도 독자에게는 단 한 줄로만 기억됩니다. 길면 네 단어, 짧으면 한 단어로 고객의 마음을 뒤흔들 때 선택됩니다. 전하려는 메시지도 중요하지만 어떤 한마디에 실어 표현할 것인지가 더 중요합니다. 표현이 메시지의 생존 여부를 결정하기 때문입니다.

위 문장에서 한 단어 혹은 한 글자만 바꿔도 원래 제목과 느낌이 확연히 달라집니다.

'말투가 바뀌면 인생이 바뀐다'

'아끼지 않는 것은 버려라'

'하버드생처럼 글쓰기'

빌려 쓰기는 무작정 똑같이 따라 쓰는 게 아닙니다. 베껴 쓰고 바꾸는 과정입니다. 먼저 고객을 매혹한 글을 찾아서 그대로 베껴 씁니다. 베껴 쓴 글에서 핵심 단어를 내 것으로 갈아 끼웁니다. 방법은 이토록 간단하지만 결과는 놀랍습니다.

교보문고 화장실 문 안쪽, 눈높이 지점에 이런 내용의 메모가 눈에 띕니다.

'해우;서(解憂;書) 비운 만큼 채워 가는 곳'

'해우;서'는 사찰에 있는 화장실 해우소(解憂所)를 빌려 쓴 것으로, '비운 만큼 지식으로 채우라'는 메시지로 새로 태어났습니다.

'의자가 인생을 바꾼다'

이 광고 카피가 마음에 든다면 핵심 단어인 '의자'와 '인생'만 바꿔 이렇게 변신시킬 수 있습니다.

'마케팅 글쓰기가 매출 실적을 바꾼다'
'전화 영어가 커리어를 바꾼다'
'말투 하나가 인생을 바꾼다'
'자동차가 경력을 바꾼다'

한 배달 업체에서는 치킨 감별 능력이 탁월한 이에게 '치믈리에' 자격을 부여합니다. SK이노베이션에는 '유(油)믈리에'가 있습니다. 원유의 모든 것을 꿰뚫는 달인을 가리킵니다. 짐작하겠지만, 와인 전문가를 뜻하는 소믈리에를 베껴 쓰고 한 글자만 바꿔 쓴 것입니다. 결국 빌려 쓰기란, '잘 팔리는 한마디'를 빌려서 내 것으로 바꾸는 쉽고 간단한 방법입니다.

모방은 창조의 어머니, 단 마마보이는 사절

검증된 문장을 빌려 쓰는 방법은 새로움이 필요할 때 써먹는 흔한 개발 방식입니다. 잘 팔리는 한마디가 잘 떠오르지 않을 땐 머리를 쥐어짜지만 말고 빌려 씁시다. 그런 이유로 초보 마케터, 바쁜 사업가, 열일하는 직장인, 모든 업무를 혼자 하는 1인 사업가, 온라인에서 유명해지고 싶은 예비 인플루언서까지. 마음만 먹으면 누구나 얼마든지 잘할 수 있는 게 마케팅 글쓰기입니다.

짧고 찰진 한마디가 필요할 때마다 일일이 새로 만들어 쓰는 일은 전업 작가도 힘듭니다. 우리처럼 생계를 위해 한마디 기술이 필요한 사람들은 필요할 때마다 빌려 쓰면 됩니다. 빌려 쓰기를 잘하려면 우선 잘 팔리는 한마디를 베껴 쓰세요. 그러다 보면 잘 팔릴 수밖에 없는 결정적인 단어들을 만납니다. 이 문장과 단어로 당신의 메시지를 조립하세요. 그러면 나를 위한 한마디가 탄생하는 신비를 경험하게 됩니다.

찾고, 베끼고, 바꾸는 3C 공식

빌려 쓰기는 3단계를 거칩니다. 찾고 베끼고 바꿔 쓰는 3C 공식을 활용해서 짧고 찰진 한마디를 만들어 봅시다.

① Catch, 잘 팔리는 한마디 찾기

무슨 말을 하고 싶은지를 분명히 합니다. 그래야 빌려 쓰기 딱 좋은 문장을 찾을 수 있습니다. 그리고 나서 당신이 하려는 말과 유사하게 표현된 잘 팔리는 한마디를 찾습니다.

② Copy, 베껴 쓰기

찾아낸 한마디를 한 자 한 자 정성껏 베껴 씁니다. 그 과정에서 잘 팔리는 문장, 단어를 차곡차곡 기록합니다.

③ Change, 표현 바꾸기

베껴 쓴 한마디에서 뼈대는 그대로 두고 당신이 전하려는 메시지에 맞는 단어로 바꿉니다. 예를 들어, '간단명료하게 독자의 클릭을 유도하는 글쓰기 비법'이라는 내용을 멋지게 표현하고 싶습니다. 당신은 여기저기 살피며 빌려 쓸 문장을 찾다가 이런 표현을 접합니다.

'인간의 마음을 사로잡는 20가지 플롯'

먼저 이 한마디를 베껴 씁니다. 그리고 표현을 바꿔 봅니다. '인간의 마음을 사로잡는'을 '고객의 마음을 사로잡는'으로, '플롯'을 쉬운 말인 '비법'으로 바꿉니다.

'고객의 마음을 사로잡아 독자의 클릭을 유도하는 글쓰기 비법'

여기까지만 해도 훌륭합니다. 내친 김에 문장 다이어트까지 해 볼까요? '고객의 마음을 사로잡는다'는 내용을 덜어 내고 '0.1초 만에 클릭한다'는 표현으로 바꿉니다. 이렇게 문장을 다듬다 보면 마침내 당신만의 한마디가 탄생합니다.

이 방법으로 쉽고 빠르고 근사한 한마디를 만들 수 있지만 같은 단어를 반복하지 않는 게 좋습니다. 읽는 사람이 지루하다고 느끼기 때문입니다. 뇌는 지루하면 금세 딴생각을 합니다.

다음은 신용 카드 회사에서 내건 헤드라인입니다. 반복되는 '이유'라는 단어를 다른 유사한 단어로 바꿔 썼습니다.

"떠나지 못할 이유는 없다, 가지 못할 이유는 없다."

→"떠나지 못할 이유는 없다, 가지 못할 핑계는 없다."

중학교 2학년 딸이 엄마를 경찰에 고발했습니다. 이 학생의 엄마는 코로나19 감염 및 예방 건으로 자가 격리 중이었는데, 정부의 지침을 위반한 것이죠. 그러자 신문에서 일제히 이 소식을 보도했고 각각 이런 제목을 달았습니다.

'엄마가 자가 격리 위반했어요' 중학생 딸이 경찰에 신고

중학생 딸이 자가 격리 위반한 엄마 112에 신고

중2는 진짜 무서워, 딸이 엄마를 자가 격리 위반 신고

같은 뉴스인데 제목의 뉘앙스는 자못 다릅니다.

이처럼 짧은 한마디지만 고치면 고칠수록 느낌이 바뀝니다. 고쳐쓰기에 재미를 들이면 처음부터 잘 써야 한다는 부담에서 해방될 수 있습니다. 무슨 글이든 일단 쓰면 고치면서 점점 완벽해지기 때문입니다.

살짝 비틀어 내 문장 만들기

배달 서비스를 제공하는 회사 우아한 형제들 사무실에 팬 고객들이 선물을 보냈습니다. 그런데 선물은 흙 위에 자를 꽂은 화분, '흙자'였습니다. 이름 하여 '흑자 기념!' 생각도, 표현도 기발하기 그지없습니다. 이렇게 글자 하나를 바꿔 운을 맞추니 근사한 한마디로 거듭납니다.

'같이의 가치'

'사치가 아니라 가치다'

'각도가 태도다'

단어 사용법에서 가장 신나고 재밌으며 쉽고 빠르게 시도해 볼 수 있는 방법을 소개합니다. 흔히 '비틀기'라는 이름의 '점 하나' 사용 기술입니다. 카피라이터나 신문사에서 제목을 뽑는 편집 기자가 애용하는 기법입니다. 단어도 숫자도 아닌 '점 하나'는 참으로 위대합니다. 어디에 찍느냐에 따라 '님'은 '남'도 되고 '놈'도 됩니다.

점 하나 비틀기로 메시지의 맛을 살리려면 딱 하나를 충족해야 합니다. '풉' 하게 웃기거나 '아!' 하고 공감하게 하거나. 즉, 웃음이나 공감을 끌어내지 못하면 실없는 말장난으로 치부돼 본전 찾기도 어렵습니다. 지금부터 자주 사용하는 3가지 비틀기 방법을 알려드리겠습니다.

① 자음 하나 모음 하나 비틀기

• 소확행(소소하지만 확실한 행복)

→ 소확횡(소소하지만 확실한 횡령)

• 바리스타

→ 버리스타(분리수거 잘하는 사람들)

• 짜장과 치킨의 만남

→ 짜장과 치킨의 맛남

• 불효자는 웁니다

→ 불효자는 '옵'니다(코로나19 예방을 위한 귀성 금지 캠페인)

② 단어 하나 통째로 비틀기

• 노병은 죽지 않는다. 다만 사라질 뿐이다

→ 쓰레기는 죽지 않는다. 다만 재활용될 뿐이다

• 나라를 나라답게!

→ 악당을 악당답게!

③ 단위 비틀기

'8시간 6일이면 영어 회화 정복한다'

영어 회화 전문가 박병태 님의 책 제목이었습니다. 영어 회화를 단기간에 공부할 수 있다는 메시지를 전하고 싶었죠. 그런데 8시간씩 6일이라니, 말만 들어도 힘겹지 않나요? 그래서 단위를 통일했습니다.

'48시간 영어 공부법'

단위가 바뀌면 개념도 달라집니다. '6일'보다 '48시간'을 더 짧게 느끼는 뇌의 착각을 이용했죠.

'1분에 2,000원 벌어 가세요. 통합 A 포인트'

통합 포인트 앱을 깔면 2,000원을 적립해 준다는 안내입니다. 돈을 벌어 가라는 말이 마음에 걸린다면 단위를 살짝 바꿔 봅니다.

'1분에 2,000포인트 벌어 가세요. 통합 A 포인트'

비틀기 기법에서 가장 중요한 것은 '관찰'입니다. 오랫동안 사랑받는 개그맨들은 관찰력이 뛰어납니다. 단어를 잘 고르는 사람 역시 뛰어난 관찰력을 자랑합니다. 인터넷 기사 제목을 눈여겨보고, 메일함에 도착한 메일 제목을 살펴보고, 어떤 단어들이 쓰였나 주시하세요. 자신이 언제 어느 대목에서 '풉' 하고 웃거나 '아!' 하고 공감하는지를 파악하세요. 사람들도 당신처럼 바로 그 대목에서 '풉!' 하거나 '아!' 할 테니까요.

나만의 커닝 페이퍼 만들기

'좋은 카피를 쓰기 위해 좋은 카피를 좋은 카피로 카피해 두자!'

일본 캐논 복사기 광고의 헤드라인입니다. 이 한마디의 의미처럼 빌려 쓰기는 끌리는 문장을 쓰는 비법 중의 비법입니다. 그렇지만 좋은 문장을 많이 접하고 다양한 단어를 쟁여 두지 않으면 이 방법도 무용지물입니다. 우리에게 '커닝 페이퍼'가 필요한 이유입니다.

0.1초 만에 클릭하는 한마디는 소설이나 시와 같은 언어 예술이 아닙니다. 문법을 배우고 전문적으로 어휘를 다루는 일도 아닙니다. 고객이 빠르게 이해하고 내가 의도한 대로 움직여 주면 그뿐입

니다. 그 많은 전문가들이 이미 만들어 놓은 잘 팔리는 한마디를 찾아서 베껴 쓰고 바꿔 쓰면 됩니다. 이뿐입니다.

잘 읽히는 단어 채집하기

《위대한 개츠비》의 작가 스콧 피츠제럴드는 소설 쓰기에 유용한 것들을 모아서 사전처럼 분류하여 보관했습니다. 노트 여러 권을 만들고 A로 시작되는 노트에는 다양한 일화(Anecdotes)를, C로 시작하는 노트에는 다양한 대화(Conversation)를 모았습니다. '관찰한 결과', '시어', '노래 가사'를 모은 노트도 따로 만들어 집필에 활용했다고 합니다.

세상은 넓고 잘 만든 한마디는 많습니다. 집을 짓는 제비처럼 무엇이든 물어들이세요. 신문이나 잡지 같은 인쇄 매체, 방송, 인터넷을 보고 들을 때마다 눈에 들어오는 문장과 단어를 메모하세요. 대형 서점에 가면 그때그때 가장 뜨거운 키워드를 만날 수 있습니다. 상품과 드라마, 영화와 공연을 소개하는 광고와 포스터도 유심히 보세요. 대중의 눈높이로 조준된 매혹적인 단어들이 많습니다. 특히 광고는 큰돈 들여 만들어 낸 한 줄, 한 단어입니다. 이렇게 도처에 널린 문장과 단어를 베끼고 바꾸세요.

일부러 홈 쇼핑을 보며 단어를 채집하세요. 어떤 단어가 주문하게 만드는지 유심히 관찰하고 메모하세요. 길에 걸린 현수막과 지하철 벽에 붙은 포스터도 놓치지 마세요. 간판과 전광판 광고도 주의 깊게 보면 베껴 올 것들이 많습니다.

메모한 자료들은 주기적으로 정리하세요. 주제별로 분류하고 식별하기 좋게 표시하세요. 피츠제럴드처럼 노트에 써도 좋고 휴대전화 메모장을 써도 좋습니다. 저는 네이버 카페를 만들어서 별도의 비용을 들이지 않고 커닝페이퍼용 창고로 활용합니다.

유명한 기관의 단어를 훔쳐라

고객에게 신뢰감을 주기 위해서 권위 있는 기관, 영향력 있는 집단의 단어를 모으는 것이 좋습니다. 하버드 대학, 예일 대학은 더 이상 고유 명사가 아니라 성공을 상징하는 일반 명사가 됐습니다. 하버드대와 예일대의 심리학과에서 선정한 힘센 단어들과 각종 영향력 있는 기관의 단어를 훔쳐 써 봅시다.

① 하버드대 선정 단어

증명된 / 사랑 / 보증 / 건강 / 새로운 / 당신 / 돈 / 절약 / 발견 / 필요한 / 결과 / 쉬운

② 예일대 선정 단어

발견 / 사랑 / 결과 / 자유로운 / 돈 / 안전 / 보증 / 새로운 / 절약 / 건강 / 증명된 / 당신 / 울트라 / 슈퍼 / 2배 / 효력의

③ 신문사에서 귀띔하는 잘 팔리는 단어

〈포브스〉에서 일하는 재클린 스미스는 다음 단어를 활용하여 문장을 만들면 잘 팔릴 것이라고 공언합니다.

저렴한 / 가장 좋은 / 편리한 / 발견 / 쉽게 / 즐기는 / 빠른 / 무료 보증 / 더 / 새로운 / 힘 / 감소 / 결과 / 안전한 / 저장

설득력을 더하는 CREAM 기법

"미래에는 누구나 15분이면 유명해질 수 있다."

팝 아티스트 앤디 워홀이 1950년대에 한 예언입니다. 그의 예언은 당시에도 적중했고 오늘날 15분은 0.1초로 짧아졌습니다. SNS에서 혹하는 문장을 발견하고 클릭하기까지 걸리는 시간, 0.1초 만에 누구나 유명해질 수 있으니까요.

'당신도 누군가의 첫사랑이었다'
'멈춰라 비로소 보일 것이다'

'긴장하는 사람은 지고, 설레는 사람은 이긴다'

어떻게 하면 이런 한 줄로 만인을 사로잡을 수 있을까요? 여기, 고대부터 훌륭한 리더들 사이에서 전수된 수사적 한마디 제조법을 소개합니다. 역사적으로 출중한 리더십을 연구해 온 제임스 C. 흄스는 영국의 수상 처칠의 설득력 높은 연설을 '크림(CREAM)' 공식으로 정리했습니다.

① Contrast, 대비하기

대비하기는 대조하기, 대구법 등의 수사 기술을 하나로 통합한 방법입니다. 서로 반대되는 말과 의미, 상황을 내세워 듣는 이가 고민할 여지없이 의미 전달이 빠르고 명쾌하게 이뤄집니다. 어조가 비슷한 내용, 단어로 메시지를 강조합니다.

'불러도 대답 없다! 한밤에 발 동동 함흥차사 콜택시.
말이 필요 없다! 터치하면 달려와 일사천리 앱택시'

일간지 기사 제목입니다. 대조법에 운율까지 맞춰 바로 읽힙니다. 어조가 비슷한 내용이나 단어로 메시지를 강조하는 대구의 기술도 있습니다.

'못 본 사람은 있어도, 한 번 본 사람은 없다'

② Rhyme, 운율 맞추기

25자 이내의 길지 않은 한마디지만 음절을 일정하게 반복하면 리듬이 생겨 단번에 읽힙니다. 입에 착 붙도록 운율을 맞추면 전달하려는 메시지에 센스가 더해져 더 강렬한 인상을 남깁니다.

'울면 안 돼, 쫄면 안 돼'
'툭 튀어나온 냉장고, 쏙 들어가는 빌트인 냉장고'

③ Echo, 반복하기

반복하기는 같은 단어나 구절, 문장을 되풀이해서 매우 쉽게 의미를 강화하는 기술입니다. 말 잘하기로 소문난 방송인 김제동 님은 반복법과 대조법을 아우르는 한마디 구사 기술이 탁월합니다.

"하늘에 계신 분에게 통하는 유일한 길은 기도이고, 사람에게 통할 수 있는 유일한 길은 정직이다."

반복하기는 감정적인 호소를 하기 좋아서 연설문에 많이 사용됩니다. 사회 심리학자 티모시 윌슨은 민사 재판의 배심원을 대상으로 피고의 무죄를 증명하는 변호사의 말에 얼마만큼의 설득력을 느꼈는지 조사했습니다. 그 결과, 같은 메시지를 3번 반복하는 경우가 그렇지 않은 경우보다 설득력이 46%, 10번 반복했더니 무려 82% 향상됐습니다.

이때, 반복이 지나치면 금세 지루해질 수 있으므로 같은 단어를 3번 이상 쓰지 않는 것이 좋습니다.

④ Alike, 따라 하기

"우리에겐 아직 12병의 컨디션이 있습니다."

이순신 장군의 말씀을 모방한 광고 한마디입니다. 이처럼 기존에 이미 알려진 문구를 이용한 패러디는 원문에 힘입어 의미를 빠르게 전달합니다. 재미있기 때문에 순식간에 클릭되고 유포 속도도 빠릅니다. 그렇지만 뻔한 흉내, 기발함이 없는 단순한 흉내는 오히려 메시지의 가치를 죽일 수 있으니 주의해야 합니다.

⑤ Metaphor, 빗대어 표현하기

다소 어려운 메시지를 쉽고 빠르게 전달하고 싶을 때, 기억에 잘 남고 퍼 나르기 좋게 만들 때, 수치나 전문 용어를 말하고 싶을 때 사용하면 딱 좋은 방법입니다. 비유의 지렛대를 활용하면 모호한 메시지도 가능한 구체적이고 명료하게 표현할 수 있습니다.

'샛별 배송'

'번쩍 배달'

샛별 배송은 한 쇼핑몰에서 새벽에 하는 배송 서비스를 시작하면서 지은 이름입니다. 별이 떠 있는 새벽에 내 택배가 배송되는 장면이 눈에 선합니다.

번쩍 배달은 배달 업체에서 만든 서비스 이름입니다. 45분 이내 배달이 가능하다고 붙인 이름입니다. 두 표현 모두 들으면 바로 알 수 있는 비유를 사용하여 설득력을 높인 사례입니다.

누르면 톡 나오는 한마디 자판기 공식

자판기에 동전을 넣고 누르면 3초 만에 제품이 나옵니다. 짧고 찰진 한마디도 자판기처럼 누르는 대로 톡톡 튀어나오면 얼마나 좋을까요? 자판기가 3초 만에 상품을 내줄 수 있는 것은 미리 넣어 뒀기 때문입니다. 한마디를 위한 자료들도 미리 저장해 둔다면 자판기처럼 0.1초 만에 만들어 낼 수 있습니다.

① 마케팅 글쓰기 밑그림 4Ws

마케팅 글쓰기의 밑그림을 만들어 두면 끌리고 혹하는 한마디를 쓸 때 편리합니다. 4Ws란 잘 팔리는 한마디를 쓰기 위해 정리해야 할 4가지 요소를 말합니다. 다음 질문에 답하면서 당신이 판매하는 제품의 4Ws를 정리해 보세요.

- 고객(WHO): 당신의 고객은 누구인가?
- 제품(WHAT): 물건, 서비스, 아이디어 등 당신이 파는 제품은 무엇인가?
- 이득(WIFM, What's in it for me?): 당신의 제품의 혜택은 무엇인가?
- 경쟁력(WHY you): 당신의 제품만의 경쟁력은 무엇인가?

② 제품을 파악하는 T.I.P

당신이 판매하는 제품의 가치를 자세히 정리하세요. 정리하는 것만으로 당신에게 자신감을 심어 줄 것이고 고객이 사게 만드는 한마디를 쓰게 됩니다. 제품의 가치는 T.I.P 공식으로 정리하면 편합니다.

- T(Target): 누구를 대상으로 하는가?
- I(Idea): 그들에게 무엇을 어떻게 하라고 제안하는가?
- P(Proposal): 어떤 약속을 하는가?

《150년 하버드 글쓰기 비법》으로 예를 들면 다음과 같습니다.

- T: 글을 쉽고 빠르게 논리적으로 쓰고 싶은 사람.
- I: 하버드대생처럼 '오레오 공식'으로 쓸거리부터 만든다.
- P: 하버드대생이 4년 배우는 논리적 글쓰기를 단 3시간 만에 배운다.

③ 메시지로 표현하는 I.T.B

이제 당신의 제품을 왜 구매해야 하는지 고객에게 말해 주기로 합니다. I.T.B 공식을 활용하면 어렵지 않습니다.

- I(If): 만일 ~하려면
- T(Then): ~하라
- B(Because): 왜냐하면 ~하기 때문이다

《150년 하버드 글쓰기 비법》으로 예를 들면 다음과 같습니다.

- I: 논리정연한 글을 쉽고 빠르게 쓰고 싶다면.
- T: 《150년 하버드 글쓰기 비법》 책을 읽어라.
- B: 이 책으로 하버드대 학생들이 4년 내내 배우는 논리적 글쓰기를 단 3시간 만에 배울 수 있기 때문이다.

작은 기업이나 소상공인의 경우 판매하는 제품을 제대로 파악하지 않는 경우가 의외로 많습니다. 심지어는 '시중에서 파는 게 거기서 거기 아니냐'고 되묻는 이도 적지 않습니다. 이럴 때 저는 텔레비전 홈 쇼핑을 12시간 정도 지켜보기를 권합니다. 청바지 한 벌을 팔아도 '세상에 그런 옷과 혜택은 두 번 다시 없다'는 자세로 연구하고 소개해야 당신의 제품이 살아남을 수 있습니다.

시간 없는 당신을 위한 단어 사전

0.1초 만에 클릭하는 한마디 기술은 여느 가치 있는 기술처럼 제대로 배우고 일정 시간 연습해야 가질 수 있습니다. 하지만 1인 사업가처럼 거의 혼자 일하는 사람들은 마케팅 기술을 연마할 여유가 없습니다. 글쓰기 수업을 진행하며 만난 수많은 사람의 가장 큰 애로 사항 역시 '배울 시간이 없고 연습할 짬이 없다'는 것이었습니다. 대부분 현업에 매달려 있느라 글쓰기에 들일 여유가 없습니다. 강의나 교육을 찾아다닐 시간은 더더욱 부족하죠.

그런 당신을 위해 다양한 단어를 한데 모았습니다. 당장 한마디를 써야 할 때, 문장이 막힐 때 사용하기 좋은 단어와 표현입니다. 상대방의 마음을 움직이는 무기로 사용하세요.

① 제품 효과를 확신하게 만드는 단어

당신의 제품, 서비스, 아이디어를 활용하면 결과가 나아질 것이란 확신을 나타내는 단어들입니다. 같은 표현이라도 주도적이고 능동적인 단어를 사용하면 메시지가 더욱 강력해지고 설득력이 높아집니다. 당신이 제품을 구매하면 현 상황을 개선하고 원하는 것을 얻게 된다는 느낌을 표현해 보세요.

가속화하다 / 감소시키다 / 강화시키다 / 개선된 / 균형을 잡다 / 극대화하다 / 긴축하다 / 낭비를 없애다 / 놀라운 / 높이다 / 놓아주다 / 늘리다 / 능률을 높이다 / 도전하다 / 바로잡다 / 변화시키다 / 부활시키다 / 삭감하다 / 설계하다 / 성장시키다 / 소생시키다 / 신나는 / 아끼다 / 역동적인 / 재생시키다 / 적극적인 / 전진하다 / 절약하다 / 제거하다 / 줄이다 / 증가하다 / 진화하는 / 창조하다 / 초강력 / 최대화하다 / 최소화하다 / 파고들다 / 풀어 주다 / 풍성하게 하다 / 풍요롭게 하다 / 향상하다 / 혁신하다 / 활기찬 / 활동적인 / 회생하다 / 힘센 / 힘찬

② 특별한 가격으로 고객의 이목을 끄는 단어

혹하는 가격 이벤트를 준비하고도 주목을 받지 못한다면 헛고생이죠. 고객이 반해서 사게 만들고 여기저기 퍼뜨리게 만들고 싶을 때 쓰면 좋은 단어들입니다.

무료 / 보너스 / 1+1 / 2+1 / 파격 세일 / 특별 세일 / 여름용 처분 / 역시즌 특가 세일 / 시즌 마감 특집 / 연말연시 스페셜 가격 인하 / ○○맞이 특별 할인 / 단 ○○원 / 10년 전 가격 그대로

③ 지갑을 여는 최강의 마법 단어 3

다수의 심리 연구 결과에 따르면 평범해 보이는 이 단어 3개가 고객의 지갑을 여는 데 큰 힘을 발휘합니다.

- 상대로부터 양보를 이끌어 내는 '왜냐하면'
- 중요한 사람이고 싶은 본능을 자극하는 '당신'
- 좋은 사람이고 싶은 본능을 자극하는 '감사합니다'

④ 집을 사고파는 고객을 움직이는 단어

보통 사람의 경우 부동산 거래는 자주 하지 않는 만큼 아주 꼼꼼하게 거래를 진행할 것 같지만 의외로 문장 한 줄, 단어 하나에 마

음이 움직입니다. 다음은 부동산 중개사의 활약이 눈부신 미국 시장에서 알려진 '쓰면 집이 잘 팔리는' 단어들입니다.

- 부동산
- 환상적
- 화강암 재질
- 넓은
- 매혹적
- 바로 입주 가능한
- 편리한 부엌
- 최첨단
- 훌륭한 주변 환경
- 단풍나무 재목
- 인조 대리석

⑤ 금융 거래 시 피하거나 주의해야 하는 단어

금융 거래와 관련된 표현은 사실에 입각한 정보 전달에 중점을 둬야 합니다. 그래서 사실 관계를 흐리는 '축축한 단어'는 피하거나 주의해야 합니다.

- 느낀다
- 믿는다
- 승부를 건다
- 도박한다
- 추측한다
- 제안한다
- 짐작한다
- 추정한다
- 의심한다

나만의 한마디를 쓸 당신에게

단어는 자주 써먹다 보면 자연스럽게 내 것이 됩니다. 매장을 찾는 고객을 위해 POP 문구를 쓸 때, 고객에게 메시지를 보낼 때, 업무상 이메일을 쓸 때, 통통 튀는 SNS 콘텐츠를 만들 때 이 책을 활용하면 어느새 입에 착 붙는 당신의 어휘를 만들게 됩니다. 당신이 쓴 한마디가 온라인 고객들로 하여금 널리 퍼지는 바이러스 효과도 경험하게 될 것입니다.

그럴듯한 단어가 떠오르지 않을 때, 어렴풋이 기억나지만 정확하지 않을 땐 일단 그 부분을 비워 놓고 문장을 완성하세요. 그리고 고쳐 쓰는 과정에서 이 책을 펼치세요. 적절하고 확실한 단어를 찾아 문장을 완성하세요. 막막했던 상태에서 '이렇게 써야겠다'는 아이디어가 솟구칠 것입니다.

TIP

한국 대표 글쓰기 코치의 고쳐쓰기 시범6

"한 번에 잘 쓰는 사람은 없습니다."

짧고 찰진 한마디는 결국 단어 몇 개를 연결한 것입니다. 처음부터 잘 쓰려고 하면 아무것도 쓰지 못합니다. 일단 내용에 중점을 두고 문장을 완성하세요. 그런 다음 단어부터 하나하나 바꾸고 삭제하면서 고쳐 쓰기 바랍니다. 고치지 않고 좋아지는 글은 없습니다. 고칠 수만 있다면 세상에 못쓴 글은 없습니다.

제가 코칭하는 고쳐쓰기 수업의 이름은 '파란펜수업'입니다. 잘못했다는 느낌을 주는 '빨간펜'이 아니고 고칠수록 좋아진다는 의미의 '파란펜'입니다.

파란펜수업에서 진행한 고쳐쓰기 사례 6가지를 소개합니다. 다양한 케이스를 접하다 보면 고쳐쓰기에 대한 감각과 안목이 길러집니다. 그러면 고쳐쓰기가 얼마나 쉬운지 알게 됩니다.

케이스 스터디 ①

- 본 차로는 향후 버스전용차로로 운영될 차로입니다.

  → 본 차로를 향후 버스전용차로로 운영할 계획입니다.

- 고쳐쓰기 Point

  수동형 문장은 지루해서 잘 읽히지 않습니다. 주어를 사람으로 바꾸면 능동형이 됩니다. 고친 문장에서는 '우리는'이라는 사람 주어를 생략했습니다.

케이스 스터디 ②

- 쓰기 어려운 글은 읽기 쉽고, 읽기 어려운 글은 쓰기 쉽다.

  → 쓰기 쉬운 글은 읽기 어렵고, 읽기 쉬운 글은 쓰기 어렵다.

- 고쳐쓰기 Point

  뇌는 쉬운 단어를 쉽게, 어려운 단어를 어렵게 받아들입니다. 같은 뜻이라면 쉬운 단어를 골라 써야 합니다. 원래 문장에는 '어렵다'는 단어가 먼저 나오지만 뇌가 좋아하도록 '쉽다'를 먼저 씁니다.

케이스 스터디 ③

- 글쓰기 연습을 안 하면 사고력이 떨어진다.

  → 글쓰기 연습으로 사고력을 길러라.

- 고쳐쓰기 Point

  고치기 전의 글을 읽은 누군가는 '그래서 어쩌라고?' 하며 반문합니다. 이렇게 쓰면 '그러므로 글쓰기 연습을 해서 사고력을 길러라'라는 뒷문장을 추가해야 합니다. 반면 고친 글은 한마디로 핵심을 전달했습니다. 글로 쓰려는 의도가 뭔가요? 의도에 집중하는 문장을 쓰면 빠르게 전달됩니다.

케이스 스터디 ④

- 신입 사원 글쓰기 특강을 엽니다.

  → 신입 사원 돈이 되는 글쓰기 특강에 오세요.

- 고쳐쓰기 Point

  고치기 전의 글은 특강을 여는 주체가 중심입니다. 고친 후의 글은 읽는 사람을 주어에 뒀습니다. 읽는 사람을 주어로 두면 그들의 마음을 확 사로잡습니다.

케이스 스터디 ⑤

- 초스피드 고객 관리 시스템.

  → 1초 만에 통하는 초스피드 고객 관리 시스템.

- 고쳐쓰기 Point

  '초스피드? 얼마나 빠르다는 거야?' 이런 생각을 유발합니다. 고객은 생각하면서 읽고 싶지 않습니다. '1초' 하면 '빠르다'는 연상이 바로 떠오르는 것처럼 즉시 통하는 표현을 쓰세요.

케이스 스터디 ⑥

- 정수기를 구입하신 많은 분이 공기청정기를 구매하셨습니다.

  → 정수기를 구입하신 분 가운데 76%가 공기청정기를 구매하셨습니다.

- 고쳐쓰기 Point

  '많은 분'은 얼마나 많은 걸까요? 막연한 형용사를 콕 집어 숫자로 표현하세요. 제목에 숫자를 넣으면 판매율이 6.5%나 증가합니다. 문장 속에서 '열일'을 하는 숫자를 활용하세요.

(이 내용은 www.돈이되는글쓰기.com에서 영상으로 볼 수 있습니다.)

에필로그

영업 실적 꼴찌였던 그는 어떻게 판매왕이 됐을까?

그는 세일즈 실력이 형편없었습니다. 고객 앞에서 입을 떼기도 어려웠고 어쩌다 정신없이 말하다 보면 고객이 졸고 있었습니다. 그는 세일즈를 그만두고 싶었지만 달리 먹고살 재간이 없었습니다. 생계를 위해서는 세일즈로 성과를 내야 했습니다.

그러던 어느 날, 일이 없던 그는 동료들이 모두 일하러 나가고 텅 빈 사무실을 지키다 통신 판매 책자를 발견했습니다. 거기에는 제품을 소개하는 글이 미주알고주알 적혀 있었습니다. 빼곡한 설명글을 읽던 그는 순간 머리에서 환한 불이 켜졌고 이렇게 결심했습니다.

'말로 안 되면 글로 쓰자!'

그는 당장 계획을 세웠습니다.

1. 제품을 소개하고 구매를 권하는 글 쓰기
2. 방문치 팩스로 보내기
3. 이 2가지를 무한 반복하기

오래지 않아 그는 회사에서 최고 판매왕이 됐습니다. 그의 이름은 히스이 고타로, 일본에서 알아주는 유명한 카피라이터입니다.

시대에 발맞춰 변해야 합니다

'메라비언의 법칙'은 메시지 자체보다 메시지를 전달하는 방식이 더욱 중요하므로 표정, 말투, 외모, 목소리 등 비언어적 요소가 언어보다 힘이 세다고 주장합니다.

과연 지금까지는 그랬을지도 모릅니다. 이메일보다는 전화로, 보고서보다는 직접 쫓아가 의견을 건네면 더 잘 통하고 더 많이 팔렸습니다. 같은 실력이라도 더 센스 있게 말하고 얼굴이 잘 알려진 강사가 큰 인기를 누렸습니다. 대면 시장이 폐쇄되기 전까지는 그랬습니다.

코로나19는 세상을 단숨에 바꿔 버렸습니다. 이제 가능하면 만나지 말라고 합니다. 마스크 없이 말하는 일이 없어야 하고 문제가 생겨도 웬만하면 서로 떨어져서 해결해야 합니다. 이런 변화는 메라비언의 법칙의 효과가 종식됐다는 신호이며 의사소통에서 '언어'가 전부인 시대가 왔다는 의미입니다.

이런 상황에서 한마디로 핵심을 전달하고 원하는 반응을 얻는 능력은 필수입니다. 이제부터는 히스이 고타로처럼 말 대신 글로 최고의 판매왕이 될 차례입니다.

코로나19 때문에 그 시기가 앞당겨졌으나 파는 사람에게 디지털화는 어쩔 수 없는 생존지입니다. 한눈에 고객을 사로잡는 감각, 한마디에 대한 안목을 길러야 살아남습니다. 0.1초 만에 클릭하게 만드는 짧고 찰진 한마디 능력은 당신에게 디지털 대전환기에 범접할 수 없는 초격차를 선물할 것입니다.

당신도 훌륭한 마케터가 될 수 있습니다

마케터도 아니면서 마케팅 글쓰기 전문가가 된 사람이 있습니다. 그는 마케팅에 문외한입니다. MBA 근처에도 가지 않았고 경영학과를 나오지도 않았습니다. 그런데도 《고객을 유혹하는 마케팅 글쓰기》라는 책을 썼고, 대형 서점 마케팅 매대를 오래오래 차지하는 베스트셀러 작가가 됩니다.

그 결과 그는 '마케팅 글쓰기'라는 키워드의 주인이 됐습니다. 사람들은 마케팅과 판매를 위해 당장 써먹을 노하우가 필요할 때, 소셜 미디어 마케팅을 알고 싶을 때 그를 떠올립니다. 예, 바로 저 송코치입니다.

저의 이야기를 털어놓는 이유는 제가 가능했다면 당신도 얼마든지 할 수 있다고 말씀드리고 싶어서입니다. 판매 현장에서 고객을 다루고 판매에 능한 당신이라면 저보다 훨씬 유능한 한마디 전문가, 훨씬 유능한 마케팅 라이터가 될 수 있습니다.

세상에서 가장 힘이 센 '한마디'를 쓰세요

'밥은 먹고 다니냐?'

경기도 하남에 세워진 한 오피스텔의 현수막 문구입니다. 조식 서비스를 제공하는 특징을 살린 한마디입니다. 겨우 단어 3개로 마음을 건드리고 울먹이게 합니다. 인공지능이 이런 표현을 대신 쓸 수 있을까요?

'인터넷 쇼핑몰'

'검색 엔진'

'SNS'

비대면 온라인 판매를 좌우하는 기술들입니다 하지만 기술은 어디까지나 기술입니다. 어떤 기술이 득세하든 고객을 대할 땐 온 마음으로 대하는 것이 가장 중요합니다. 어떤 고객이든 100% 공략하는 한마디는 따로 있습니다. 바로 당신의 따뜻한 마음을 담아낸 한마디입니다.

'왜 내 말은 먹히지 않을까?'

'왜 내 글은 통하지 않을까?'

이런 고민으로 힘드신가요? 글쓰기는 문장이 일한 결과물입니다. 문장은 단어가 만든 결과물입니다. 이 책을 읽고 나면 문장이 어떻게 탄생하고 일하는지, 문장을 위해 단어가 어떻게 일하는지 그 원리와 규칙을 이해했으리라 짐작합니다.

이제는 문장과 단어가 다르게 보이지 않나요? 당신도 단어 하나로 문장의 질을 높이고, 단 한마디로 원하는 것을 얻어 내는 능력을 갖게 됩니다. 끌리는 단어와 혹하는 문장을 구사할 수 있게 됩니다. 이러한 변화에 기여한다면 이 책은 그 소임을 다한 것이라 생각합니다.

짧고 찰진 한마디 쓰기에 대한 더 많은 이야기, 새로운 사례들은 앞으로도 계속 온라인 아지트에 올려 당신과 함께하겠습니다. www.돈이되는글쓰기.com로 오세요.

송숙희

마음을 흔들고, 시선을 사로잡고, 클릭을 유발하는 5가지 글쓰기 비법

끌리는 단어 혹하는 문장

1판 1쇄 2020년 11월 9일
1판 4쇄 2022년 1월 17일

지은이 송숙희
펴낸이 유경민 노종한
기획편집 유노북스 이현정 함초원 **유노라이프** 박지혜 **유노책주** 김세민
기획마케팅 1팀 우현권 **2팀** 정세림 유현재 정혜윤 김승혜
디자인 남다희 홍진기
기획관리 차은영
펴낸곳 유노콘텐츠그룹 주식회사
법인등록번호 110111-8138128
주소 서울시 마포구 월드컵로20길 5, 4층
전화 02-323-7763 **팩스** 02-323-7764 **이메일** info@uknowbooks.com

ISBN 979-11-90826-23-5 (03190)

• — 책값은 책 뒤표지에 있습니다.
• — 잘못된 책은 구입한 곳에서 환불 또는 교환하실 수 있습니다.
• — 유노북스는 유노콘텐츠그룹 주식회사의 출판 브랜드입니다.